CEO의 결정들

조직의 미래를 가르는

CEO의
결정들

김한경 지음

Where am I going now?

SNOWFOX

| CONTENTS |

프롤로그 *prologue*

페르시아 인더스 강가에 한 농부가 살고 있었다. 그는 과수원과 밭, 정원이 있는 커다란 농장을 가지고 있었다. 그는 부자였기 때문에 만족했고 만족했기 때문에 부자였다. 어느 날 그는 동방에서 온 현자의 방문을 받았다. 그 현자는 불가에 앉아 농부에게 세상이 어떻게 만들어졌는가에 대해 이야기했다.

그는 전능한 신이 손가락을 안개 속에 넣고 천천히 돌리다가 마침내 그것이 불덩이로 변하게끔 만들었고 불덩이는 우주를 가로질러 굴러가며 우주의 안개 덩어리를 지나 습기를 응축해 마침내 빗방울이 되어 떨어졌다. 빗방울은 땅의 거죽을 식혔다. 녹아 흩어진 덩어리들은 곧 식어 화강암이 되었으며 좀 더 천천히 식은 것은 은이 되었고 더 천천히 식은 것은 금이 되었다. 그리고 다이아몬드는 햇살이 굳어져 만들어진 것이라고 말했다. 현자는 다이아몬드가 신이 창조한 광물 중 가장 뛰어난 것이라고 하면서 농부의 손가락만한 다이아몬드 하나면 나라 전체를 살수도 있다고 말했다. 만약 농부가 다이아몬드 광산을 갖고 있다면 자녀를 온 세상 나라의 왕좌에 앉힐 수 있을 것이라고 말했다.

밤이 깊자 농부는 잠자리에 들었다. 그는 자신의 삶에 만족하지 않았기에 가난했고, 또 가난했기 때문에 삶에 만족하지 않았다. 그는 밤새도록 잠을 이루지 못하며 되풀이해서 뇌까렸다. "나는 다이아몬드 광산을 원해."

그는 다음날 아침 일찍 현자를 깨웠다. "다이아몬드를 어디 가면 찾을 수 있는지 말씀해주십시오."

"다이아몬드로 무엇을 하고 싶습니까?"

"엄청난 부자가 되고 싶습니다." 농부는 솔직히 대답했다.

"그렇다면 여기를 떠나 찾으시오. 당신이 할 수 있는 일은 그것밖에 없소." 현자는 충고했다.

"그러나 저는 어디로 가야 할지 모릅니다."

"저기 두 산 사이에 있는 흰 모래 위로 흐르는 강을 찾으면 당신은 모래 속에서 다이아몬드를 찾을 수 있을 겁니다."

"저는 그런 강이 있다는 걸 믿을 수가 없습니다." 농부가 말했다.

"다이아몬드는 틀림없이 있습니다. 당신이 해야 할 일은 그것을 찾는 것입니다."

농부는 창가로 가서 밖을 내다보았다. 그의 시선은 농장 끝에 보이는 산에 고정되었다. 마침내 그는 결심했다. "당신을 믿습니다."

그는 농장을 팔고 전 재산을 끌어모았다. 그는 가족을 이웃들에게 맡기고 다이아몬드를 찾아 산으로 떠났다. 그는 팔레스타인에 도착했고 마침내 유럽을 헤매고 다녔다. 그는 마지막 한 푼까지 다 써버리고는 누더기를 걸치고 넘실대는 파도를 바라보며 바르셀로나 항구에 서 있었다. 절망에 빠진 그는 밀려오는 파도에 몸을 던졌다. 그는 바다 깊이 가라앉아 다시는 떠오르지 않았다.

어느 날 농부의 농장을 사들인 남자가 낙타에게 물을 먹이기 위해 정원에 들어섰다. 낙타가 정원의 시냇물을 핥아 마시는 동안 그는 하얀 모래 사이에서 반짝이는 이상한 빛을 발견했다. 그는 물에 들어가 무지갯빛으로 영롱하게 반짝이는 돌을 집어 들었다. 그는 그 이상한 돌을 집으로 가지고 돌아와 벽난로 위에 올려놓고는 자신의 일을 계속했다.

며칠 후 늙은 현자가 방문했다. 현자는 벽난로 위에 있는 돌을 보자마자 달려가 돌을 집어 들었다. "다이아몬드로군요!" 현자는 소리쳤다. "농장 주인이 돌아왔나요?"

"아닙니다. 그는 오지 않았고 그건 다이아몬드가 아닙니다." 농장의 새 주인은 말했다. "그건 그냥 돌멩이에 불과합니다."

늙은 현자가 말했다. "나는 다이아몬드를 본 적이 있습니다. 이건 틀림없이 다이아몬드입니다."

두 사람은 정원의 물가로 달려갔다. 두 사람이 모래를 휘젓자 더 아름답고 값져 보이는 돌이 쏟아져 나왔다. 이렇게 가장 멋지고 큰 다이아몬드 광산이 발견되었다. 농부는 뚜렷한 목적도 없이 헤매이며 좌절과 가난에 시달리다 낯선 땅에서 스스로 목숨을 끊는 대신 자기 집 정원을 파보았더라면 다이아몬드 밭을 가질 수 있었을 것이다.

〈1장〉

변화

paradigm shift

변화
paradigm shift

❖

어제 이루어지던 일들이 오늘은 이루어지지 않는 것이 현실이다. 그 이유는 무엇인가?

오늘 우리의 하루하루는 우리 할아버지들이 수십 년 동안 경험했던 것보다 훨씬 더 많은 변화로 가득 차 있다. 앨빈 토플러는『권력이동』에서 미래 사회에서는 모든 단계마다 완전히 새로운 권력 구조가 등장할 것이라고 예측한 바 있다. 바야흐로 이제 지식이 모든 경제적 부를 창출하는 핵심적인 열쇠가 됨에 따라 새로운 권력투쟁은 우리의 정신과 개인 생활 깊숙한 곳에까지 이르게 될 것이다. 권력의 원천은 자본에서 인적자원으로, 천연자원에서 지식 자원으로, 지위나 직책에서 관계의 과정으로, 주주의 영향력에서 고객의 요구 쪽으로 이미 이동했다.

오늘날 최고경영자는 두 가지 중 하나를 선택해야만 한다. 승리하는 리더가 될 것인가 아니면 포기할 것인가. 새로운 리더에게 권한을 위임할 것인가 아니면 승리하기 위해 그를 시너지와 리더십을 갖춘 다른 팀으로 옮겨가게 할 것인가.

온갖 종류의 변화-경제적, 사회적, 문화적, 기술적, 정치적-가 엄청난 속도로 이루어지고 있다. 인간 활동의 어떤 분야에서 변화는 단지 엄청난 속도 정도가 아니라 거의 폭발적인 수준이다. 이 중에서 어떤 것도 우리의 삶을 완만하게 만들어줄 조짐을 보여주지 않는다.

우리는 변화를 규칙으로 기꺼이 받아들여야만 한다. 오늘의 사회는 모든 것을 추구하지만 실제로는 아무것도 이루어지지 않은 사회처럼 보인다. 우리는 선택하지 않은 경기에 뛰어들었지만 아무도 결승점이 어딘지 모르고 있는 것처럼 보인다. 우리 대부분에겐 집이 있지만 우리가 원하는 안락한 삶은 누리지 못하고 있는 것 같다. 우리는 아이들의 사진첩과 비디오테이프를 가지고 있지만 건강한 가정을 지탱하는 정신적인 힘은 가지고 있지 못하다. 우리는 거의 미칠 정도로 바쁘지만 어디로 가고 있는지는 정확하게 모르고 있다. 우리는 급한 일을 처리하지만 정말 중요한 일들은 미루고 있다. 우리는 심지어 상당한 돈을 써가면서 엄청나게 즐거움에 매달리지만 진정으로 행복하지는 않다. 우리 중 어떤 이들은 적절하지 못한 때에 옳은 일을 하기도 하고 언제나 옳지 못한 일을 하기도 한다.

우리 대부분은 컴퓨터가 보다 많은 시간적인 여유와 개인적인 만족을 추구하게 해줄 것이라고 믿었다. 그러나 컴퓨터가 우리에게 가져다준 보다 중요한 것은 세계 도처의 경쟁, 범세계적 차원의 경쟁이다.

이러한 세계적 차원의 경제적 구조조정의 궁극적인 결과는 분명하다. 이 경쟁의 배후에 있는 힘은 분명하다. 자신의 생활 수준을 향상하기를 원하는 세계 도처 사람들의 무자비한 열망이 그것이다. 그들은 모두 잔칫상의 자리, 잘 갖추어진 안락한 주택과 자동차, 휴가를 원한다.

우리 생활에서 가장 큰 변화 중 하나는 소위 시간 기근 현상이다. 단지 현상유지를 위해서조차 엄청난 노력이 필요하다. 우리는 불량품 때문에 낮은 수익과 부족한 시간, 적은 이윤에 시달리면서 더 많은 제품을 생산해야만 한다. 모든 고객들이 이제 즉각적인 품질 향상을 기대하기 때문이다. 오늘날 세계적인 경쟁은 어제의 세계신기록을 경쟁에 참가하기 위한 기본적인 자격 정도로 만들어버리고 있다. 어느 누구도 시간이 충분하지 못한 것처럼 보인다. 집을 사거나 돈을 투자할 때, 사업상의 모임을 갖거나 컴퓨터 프로그램의 작동법을 배울 때마다 실망스러울 정도로 복잡한 상황이 우리를 기다리고 있다. 채워야 할 양식과 상의해야 할 전문가, 주의를 기울여야 할 부수적인 의견, 게다가 참석해야 할 수많은 세미나와 훈련 과정이 있다. 도대체 그 모두를 어떻게 처리할 것인가?

컴퓨터의 영향을 생각해보자. 복잡한 문제를 처리하기 위한 도구로 고안된 컴퓨터가 마치 교통문제를 해결하기 위한 새로운 고속도로가 오히려 교통체증을 유발하듯이 복잡함을 더해 주고 있다. 컴퓨터는 엄청난 속도로 자료를 정리, 저장, 처리할 수 있게 해준다. 그러나 자료가 빨리 분석될수록 더 빠른 결정이 요구된다. 따라서 결정에 도달하기 위한 압력은 더 커진다. 게다가 컴퓨터의 효율성은 경쟁자들에게는 의미가 없다. 그들 역시 제품 생산과 서비스를 위해 똑같은 컴퓨터와 프로그램을 사용한다. 어쩌면 더 적은 경비로 말이다.

따라서 경쟁의 측면은 컴퓨터를 사용하는 사람들이 아니라 각 개인이 생산성을 고취하고 능력을 발휘하도록 고무하는 사람에게 달려 있다. 우리는 인류 진보와 발전에 있어서 역사상 전례가 없던 새로운 시대에 진입했다. 우리는 이제 닥쳐올 놀라운 변화의 시대에 삶의 일상적인 도전에 대한 우리의 기존의 사고방식과 대응 방식을 재검토하고 재평가해야만 한다. 우리에겐 자신의 잠재력을 이해하고 목표-진정으로 가치 있고 믿을 수 있으며 성취 가능한 목표-를 설정하기 위한 새롭고 지속적인 전략이 필요하다.

어떻게 하면 적응하고 살아남을 수 있을까? 유일한 규칙이 변화라면 우리는 새 규칙에 대비한 전략으로 무장하는 수밖에 없다. 특히 이것은 세계의 지구촌화와 엄청나게 증가하는 복잡성에 비추어볼 때 대단히 중요하다. 세계 도처의 경쟁자들은 보다 지성적이고 정교해지고 있다. 속도도 훨씬 빨라지고 있다. 위기는 고조되고 경기의 난이도는 높아만 간다. 이해할 수 있는 일이지만 급격한 변화의 희생자는 이 모든 것을 좋아하지 않는다. 그들은 새로운 기술과 증가하는 복잡성, 소용돌이치는 경제, 삶의 방식을 변화시키는 세계적인 차원의 필사적인 경쟁에 위협을 받으며 옛날 좋았던 시절을 그리워한다. 그러나 그 시절은 영원히 가버렸다.

과거의 성공에 기대어 살아남은 사회는 없다. 역사상 어떤 제국이나 문명도 전성기에 영원히 머문 경우는 없었다. 과거에 남보다 앞서갔던 모든 사회, 기업, 국가는 전성기를 누렸지만 결국 한계를 드러내고 말았다.

인생이라는 경기도 비슷하다. 그리고 보다 큰 경기를 위해서 새로운 리더십이 긴요하다. 리더십은 권력과 그 주변에 집중하는 경향이 있다. 그것은 때때로 패배한 상대나 경쟁자 위에 당당하게 군림하는 것을 의미한다. 새로운 시대에 진입함에 따라 이것이 변해야만 한다는 것은 분명하다. 현재와 미래의 리더는 이제는 경쟁보다는 협력의 챔피언이 되어야 한다. 자원에 대한 접근을 유지하기 위한 권력은 여전히 중요하게 남아 있는 반면 적자생존의 정신은 이해, 협력, 지식, 이성이라는 철학을 갖춘 현명한 사람들의 생존에 그 자리를 양보하게 될 것이다. 진정한 리더는 다른 사람들로 하여금 그들이 원하는 것을 얻게끔 도와줌으로써 자신이 원하는 것을 얻을 것이다. 상호 의존이 독립을 대신할 것이다. 이제 세계는 리더들이 혼자 처리하기에는 너무 많은 인구와 지나치게 부족한 자원, 자연과 기술 사이의 극도로 불안한 균형 등에 시달리고 있다.

우리는 "모든 이의 입에 한 조각의 빵"을 이룰 때까지는 결코 지속적인 평화를 누릴 수 없을 것이다. 내일은 보다 크고 좋은 빵, 모든 사람들이 더 큰 빵을 먹을 수 있다는 기대야말로 오늘 빵을 나눠 갖기 위해 끊임없이 싸우는 것을 막을 수 있다. 리도로서 우리는 우리가 세계인이라는 커다란 몸뚱어리에서 가장 핵심적인 기관이라는 것을 자각해야만 한다. 한 부분만으로는 성공할 수도 없고 심지어 살아갈 수조차 없다.

패자에서 승자로 탈바꿈하기 위해서는 우리 자신의 믿음과 행동을 변화시켜야만 한다. 우리는 사회를 쇠락하게 만들고 복권을 통해 해방을 기대하는 어리석은 실수를 계속해서 되풀이할 수 없다. 우리는 이끌어가거나 벗어나야 한다. 누군가의 꽁무니에 희망 없이 굴복하는 것이다. 그리고 어쩌면 짓밟힐지도 모른다.

수십만 년 전 지구에는 엄청나게 많은 공룡들이 살고 있었다. 그 중 상당수는 굉장히 힘이 셌다. 그러던 중 무슨 일인가 일어났다. 모든 거대 동물들이 비교적 짧은 기간에 갑자기 멸종한 것이다. 과학자들도 그이유를 확실히 알지 못하고 있다. 하지만 그무슨 일인가가 갑자기 일어났고 공룡들이 그 변화에 적응하지 못했다는 데 동의하고 있다. 수많은 거대 기업들도 변화에 적응하지 못하면 21세기의 공룡이 될 것이다. 그리고 수백만의 일하는 공룡들, 즉 새로운 시대에 적응할 수 있는 지식과 기술의 부족으로 인해 쓸모가 없어진 개인들 역시 같은 운명을 맞이할 것이다.

성공하는 리더의 가장 중요한 자질 중 하나는 생각과 지식을 자유자재로 표현할 수 있는 능력이다. 관리 및 인적자원 전문가들의 조사에 따르면 분야에 관계 없이 풍부한 어휘력을 가진 사람들이 목표를 수행하는 데 가장 유능하다는 것이 확인되었다. 잘 선택하고 신중하게 고려한 말은 판매를 성사시키고 반대 의견을 조정하며 인간관계를 증진하고 운명을 바꾼다. 지식의 힘은 무한하고 어어느 그 문을 여는 열쇠다.

이반 예프레모프(Ivan Yefremov)라는 저명한 러시아 과학자는 말한다. "우리는 특별한 어려움 없이 40개 언어를 배울 수 있으며 백과사전의 A에서 Z까지 모두 암기할 수 있으며, 12개 대학의 필수 과정을 이수할 수 있다." 이것이 사실이라면 왜 대부분의 사람들이 더 많이 배우고 더 많은 일을 처리하지 못할까? 가장 뚜렷한 이유는 사람들이 그렇게 시간과 노력을 기울일 만큼 스스로가 가치 있다고 믿지 않는다는 것이다. 낮은 자존심이야말로 성장을 방해하는 장애물이다. 지식을 얻는 유일한 방법은 공부를 하는 것이다. 그것은 세금을 내는 것과 같다. 꼭 필요하지 않으면 좋아하지도 붙잡고 씨름하고 싶지도 않은 활동인 것이다.

"이제 지식은 힘"이라고 피터 드러커는 충고한다. "그것은 기회와 발전에 대한 접근을 통제한다. 과학자와 학자들은 이제 지식의 발굴자가 아니라 최고 결정권자이다. 그들이야말로 국가 방위와 경제처럼 결정적으로 중요한 분야의 정책을 결정한다."

정보 혁명은 권력의 혁명이다. 이것은 지식과 지적 능력을 갖춘 사람에 대한 투자가 진행될수록 더욱 심화될 것이다. 산업혁명이 생산과 제품 경험을 갖춘 생산라인 관리자들에게 만족을 주었다면 지식 혁명은 강력한 기술적, 경제적 교육을 받은 "지성적인 기업가들"에게 보상을 가져다줄 것이다. 하지만 이것이 완전히 새로운 것은 아니다. 소크라테스는 지식은 유일한 선이며 무지는 유일한 악이라고 주장했다. 또한 이 고대 그리스의 철학자는 각 개인은 강력한 개성과 다양한 인격적 미덕을 배양해야 한다고 믿었다. 그러나 이것을 21세기에 적용할 경우 새로운 형식이 요구된다.

우리는 모두 자신의 인생을 꾸미고 운명을 만들기를 열망한다. 그러나 우리 대부분은 10대 때부터 동일한 난제에 처한 자신을 발견한다. 우리는 하루하루를 정말 어떻게 보내기를 원하는가? 우리는 무엇을 선택해야 하는가? 무엇을 해야 의미 있는 인생과 우리가 원하는 모험과 보상을 얻을 수 있을까? 우리가 바람직한 직업과 적절한 목표를 선택했는지을 어떻게 알 수 있는가? 우리의 리더는 사라졌는가? 누가 우리의 역할 모델이 되어야 하는가?

이러한 심각한 질문은 가볍게 처리할 수 없다. 우리는 고등학교나 대학을 졸업한 후 갖게 되는 첫 직업이 그 이후의 모든 것을 결정하게 해서는 안 된다. 또한 부모나 교수, 친구들로 하여금 우리의 직업을 선택하게 해서도 안 된다. 돈만 보고 그런 결정을 내려서도 안 된다. 대부분의 사람들은 직업이 나머지 인생의 경로를 선택하게 방관한다. 이것은 닭이 먼저인가 알이 먼저인가라는 문제에서 닭을 선택하는 것과 같다. 알을 먼저 선택하는 것이 성공할 가능성이 더 크다. 우리는 자신에게 진실해짐으로써 의미 있는 목표와 인생의 전략을 향해 첫발자국을 내딛어야만 한다.

이러한 명제는 한 발자국 뒤로 물러서서 모든 사람을 바라보면 이해할 수 있다. 왜 대부분의 사람들은 인생의 중요한 과제보다 사소한 취미에 더 좌우되고 동기유발이 되는가?

당신은 전문적인 영역을 확보해야만 한다. 그러나 전문가처럼 생각하는 것을 피하라. 지식의 습득은 평생에 걸쳐 이루어지는 경험이지 단순히 사실이나 기술의 집적은 아니다. 학교에서 배운 것이 배울 필요가 있는 모든 것이 된다. 당신은 나머지 인생을 그 지식에 의지할 수 있었지만 지식의 확장에 따라 이것은 이제 옳지 않다. 매일 수백 편의 과학 논문이 발표된다. 신기술을 가진 회사는 30초마다 전에는 없었던 새로운 제품을 생산해낸다. 당신의 공식 교육은 그 수명이 대단히 짧아졌다.

배워야 할 것이 더욱 많아지는 이 세계에서 리더들은 배움에 대해 새로운 태도를 필요로 한다. 그리고 많은 리더가 그것을 실천하고 있다. 대부분의 사람들이 강의실에서 많은 시간을 보내기에는 지나치게 바쁨에도 불구하고 스스로를 가르치고 새로운 아이디어와 지식을 흡수함으로써 배움을 계속한다. 배움에 대한 그들의 사랑은 선천적인 호기심과 배우는 방식에 영향을 주는 모험적 성격에서 솟아나온다. 그것은 그들로 하여금 보다 깊이 파고들어가 '어떻게'가 아니라 '왜'를 알도록 이끈다. 흥미로운 것은 '왜'를 아는 사람들은 때때로 그들을 위해 일하는 '어떻게'를 아는 사람들을 거느리고 있다는 것이다.

그러므로 평생에 걸친 배움은 공식적인 수업을 통한 지식보다 훨씬 의미가 있다. 또한 사람들과 같이 일하는 것이 필연적인 세계에서 배움은 당신 자신과 다른 사람들에 대한 이해를 깊게 만들어 주는 것을 의미한다. 최근 한 무리의 혁신적인 기업가들 사이에서 원탁 토론을 통해 하나의 공통된 신념이 등장했다. 사업에 있어서 혁신적인 모든 리더들은 삶의 다른 분야에서도 마찬가지로 혁신적이라는 것이다. 그들은 자신 밑에 있는 책임자들의 성장은 개인적인 성장에 달려 있으며 교육을 끝마쳤다고 믿는 사람들은 빠른 속도로 쓸모없는 사람이 되고 만다는 데 의견을 같이하고 있다. 한때는 극소수를 위한 사치였던 평생에 걸친 배움이 이제는 지속적인 성공을 위해서 절대적으로 필요한 것이 되어 버렸다.

그러나 자신의 분야를 완전히 알지 못하고 리더가 되려는 시도가 위험한 것처럼 자신을 전문가라고 생각하는 것 역시 위험이 따른다. 그것은 특히 경이감을 상실할 위험이 있다. 호기심에 이끌리는 대신 당신이 과거에 연구했거나 개발하고 창조했거나 시장을 발굴했거나 발표한 적이 있는 것을 옹호하는 데 사로잡힐 수 있다. 지금 무난한 대답을 되풀이하는 것은 자신을 자유롭게 해주는 말, 즉 "나는 모른다"고 말하기를 멈추는 것이다. 일생 동안 배움을 계속하는 리더는 더 배워야 할 것이 있다는 사실을 결코 잊지 않는다. 그들의 경험과 지식은 그들을 가르치는 사람으로 만들 수도 있지만 그들은 스스로를 배우는 사람이라고 생각한다. 끊임없이 전문성을 확보하기 위해 노력하면서도 전문가처럼 생각하는 것을 피해야 하는 가장 중요한 이유는 당신이 갖고 있는 기존 지식이 새로운 아이디어를 창출해내는 능력에 해가 될 수 있기 때문이다. 다음 장에서 우리는 가장 창의적인 사고를 하는 사람과 리더들에게 리더십 강의를 듣게 될 것이다. 그것은 우리로 하여금 변화만이 유일한 규칙인 세계에서 변화를 잘 다룰 수 있게 해줄 것이다.

<2장>

책임

responsibility

책임
responsibility

❖

　책임이란 단어는 이제 새로운 정의를 필요로 한다. 사전에서 책임
이란 단어를 찾아보자.

　책임(responsibility) : 명사 1. 책임의 상태, 자격, 또는 사실 2. 의무,
책무, 또는 부담을 감당할 수 있는 사람 또는 사물
　책임감 있는(responsible) : 형용사. 1. 법률적으로 또는 윤리적으로
다른 사람의 안전이나 행복에 책임을 지는 2. 개인적 해결 능력을 가진
또는 지도나 권위에 의한 강제없이 행동할 수 있는 능력을 가진 3. 어떤
일의 원천 또는 원인이 되는 4. 스스로 도덕적 또는 합리적인 결정을 할
수 있는 5. 신뢰받거나 의지할 수 있는 능력을 가진 6. 훌륭한 판단이나
사고에 근거하거나 특징지워지는 7. 빚을 갚거나 명령을 수행할 능력을
가진 8. 계산을 하는 데 필요한 대답을 할 수 있는.
　스티븐 코비(Stephen Covey)는 그 나름대로의 방식으로 책임을 정
의한다. 그는『성공하는 사람들의 7가지 습관』에서 "책임이란 단어를 살
펴보라. 이 단어는 당신의 반응(response)을 선택할 수 있는 능력(ability)
이다"라고 쓰고 있다. "대단히 능동적인 사람들은 책임을 인식하고 있

다. 그들은 환경이나 조건 또는 그들 행동의 상황을 탓하지 않는다. 그들의 행동은 기분에 따르는 상황의 결과라기보다는 오히려 가치에 입각한 자신의 의식적인 선택의 산물이다."

모든 사람들은 선택의 자유에 대해 말하기를 좋아한다. 그러나 우리는 때때로 자신의 삶에서 해야만 할 일 가운데 상당수를 우리에게 강제된 것으로 느끼는 경향이 있다. 그것은 사실인가?

예를 들어 당신은 일하러 나가야만 하는가? 최종적인 대답은 그렇지 않다는 것이다. 당신은 침대에 누워 있을 수도 꾀병을 앓을 수도 있고 또 누군가로 하여금 당신을 돌보게 할 수도, 정부 보조금을 신청할 수도 있다. 세금은 꼭 내야만 하는가? 결코 그렇지 않다. 당신은 세금을 면제받을 정도로 돈을 조금 벌거나 국세청을 속이거나 시민권을 포기하거나 차라리 감옥에 가거나 죽을 때까지 세금을 연기해서 결국은 당신의 상속자가 세금을 낼 수밖에 없게끔 할 수도 있다. 당신은 오늘 밤 늦게까지 일해야만 하는가? 꼭 그렇지는 않다. 그럴 필요도 없다. 많은 사람들은 늦게까지 사무실에서 일하도록 강요당한다고 느낀다. 그러나 적극적인 결정을 이해하는 사람들은 때때로 스스로 그것을 선택한다. 왜냐하면 그들은 이루어야 할 중요한 일에는 그러한 자발적인 참여가 요구된다는 것을 느끼고 있기 때문이다. 리더는 대체로 일주일에 40시간만 일해도 먹고 살기에는 충분하다는 것을 알고 있다. 그러나 그들의 성공이 보다 많은 시간 동안 일해야만 이루어진다는 사실 역시 이해하고 있다.

실제로 우리는 상당수의 일을 할 필요가 없다. 우리는 우리가 하는 일의 상당 부분을 하기를 선택한다. 왜냐하면 그것이 우리에게 이익이 되며 또 여러 가지 선택 가능한 일 가운데서 최선이기 때문이다. 일을 해야만 한다고 느끼는 사람들은 여러 가지 가능한 선택과 대안들을 박탈당하고 게다가 자신의 삶에 대한 통제력조차 상실하기 마련이다. 그러나 스스로 결정할 능력을 갖고 있다고 깨닫고 있는 사람들, 다시 말해서 그들에게 일어나는 일에 대해 통제력을 발휘하는 사람들은 변화와 삶이 제공하는 여러 가지 일에 대해 보다 효과적인 대응을 선택할 수 있다(다시 한 번 '반응'이란 낱말에 주목하라). 다행히도 두 번째 범주의 사람들이 대체로 더 행복하다.

유감스럽게도 우리는 책임이란 개념이 쇠퇴하고 있는 시대에 살고 있다. 대부분의 사람들이 좋은 일이 일어날 때는 신용을 얻기 위해 기꺼이 싸우지만 그럼에도 불구하고 자신의 행동에 대해 기꺼이 책임지려는 사람들은 점점 줄어들고 있다.

당신은 자신의 성공을 위한 신용이 아니라 행동에 대한 책임을 받아들여야만 한다. 우리의 행동은 이러저러한 방식으로 결과를 야기한다. 아이작 뉴튼이 관찰한 것처럼 "모든 작용(행동)에는 언제나 반대로 작용하는 동일한 힘의 반작용이 있다." 선은 선을 낳고 악은 더 큰 악을 가져온다. 이것은 우주의 영원하고 근본적인 진리인 원인과 결과의 법칙 중 하나다.

이것은 모든 원인(작용)은 강도가 비슷한 결과(반작용)를 산출한다는 것을 의미한다. 우리의 정신과 기술, 재능의 적절한 사용은 우리 삶에 긍정적인 보상을 가져다줄 것이다. 재능과 시간을 최대한 유용하게 사용하겠다는 개인적 책임감은 엄청난 행복과 성공은 물론 부를 가져다줄 것이다. 이것은 모든 사람에게 공통적으로 적용되는 진리다.

그럼에도 불구하고 천 명 가운데 한 사람 정도만이 자신의 시간을 잠재적인 최선에 가까운 수준까지 쏟아부을 수 있을 뿐이다. 우리들 대부분이 거의 모든 시간을 사이드라인 밖에서 경기를 지켜보며 낭비하고 있다. 다른 사람으로부터 칭찬이나 보상을 끌어내는 것은 실제로는 아무 이익도 없다. 우리가 상사나 동료, 친구, 가족, 또는 친구를 속일 수 있다고 생각할 때마다 실제로는 거의 우리 자신에게 상처를 줄 뿐이다. 다른 사람들에 대한 무책임한 행위는 무엇보다도 자신이 성장하고 번영할 수 있는 기회를 사라지게 할 뿐이다.

경제적인 왕국을 이룩했거나 사회적으로 엄청난 기여를 한 진정으로 성공적인 리더들은 진심으로 개인적 책임을 받아들인 사람들이다. 그들은 다른 사람은 물론 자신에게 진실함으로써 성공과 부와 행복을 이루었다. 결국 다른 사람이 아니라 –우리 자신이야말로 자신의 시간과 재능과 성공을 훔칠 수 있는 큰 능력을 가진 사람이다.

책임의 심리학을 처음으로 연구한 개척자는 에이브러햄 머슬로였으며 그 뒤를 이어 칼 로저스, 빅터 프랭클 등 많은 뛰어난 학자들이 연구를 계속했다. 그들은 무책임과 가치의 결여는 비정상적인 행태, 노이로제, 정신적 타락 등으로 이어진다고 주장했다. 이러한 괴로움을 겪고 있는 환자들에 대한 치료는 그들에게 비록 과거에 매달릴 필요는 없지만 자신이 현재의 행동뿐만 아니라 앞으로의 행위에 대해서도 책임을 저야 한다는 것을 보여주는 데 초점을 맞추는 것이다.

이 심리학파는 인간의 성장과 잠재력에 대해 낙관적인 견해를 갖고 있다. 이런 입장의 의사들은 신경과민 환자의 경우 개인적 책임감을 습득하면 효과가 있으며 회복의 예측에도 도움이 된다는 사실을 발견했다. 여러 임상 사례들은 자기 통제에 대한 책임이야말로 건전한 정신 건강으로 이끈다는 사실을 증명해준다.

금주협회나 기타 여러 가지 회복 프로그램은 각 개인은 변화를 시작하기 전에 먼저 문제가 있다는 사실을 인장해야 한다는 점을 분명히 하고 있다. 문제의 인정은 다른 사람이나 외부의 조건을 지적하는 것으로 시작할 수 없다. 그것은 각 개인이 겪는 어려움에 대한 책임을 받아들이고 그것을 변화시키려는 순수한 노력을 의미한다.

구약성서 레위기에는 속죄양 이야기가 나온다. 당시에는 사람들이 겪는 문제가 심각해지면 건강한 수염소를 이끌고 교회로 갔다. 부족의 가장 높은 사제가 짐승의 머리에 손을 얹은 다음 사람들이 겪고 있는 괴로움의 긴 목록을 엄숙한 어조로   는다. 그 다음에 염소는 풀려난다. 염소는 사람들의 괴로움과 죄의 영을 몸에 지닌 채 달아난다. 이것은 약

4천 년 전의 일이었다. 그러나 이러한 속죄양의 개념은 오늘에도 여전히 그대로 남아 있다. 우리의 문제에 대해 다른 사람이나 상황에 핑계를 대는 것은 우리의 문화만큼 오래된 것이지만 여전히 존재하고 있다. 아담은 사과를 따먹은 후 즉시 이브를 가리키며 "당신이 여기에 나와 같이 있으라고 보내준 여인이 그렇게 시켰습니다"라고 말했다.

우리는 같은 공기 속에서 개인의 자유와 사회적 질서를 유지하기 위해 싸운다. 우리는 정신적 풍요가 수반되기를 희망하면서 물질적 부를 위해 노력한다. 우리는 범죄로부터 보다 안전하기를 기원하지만 동시에 우리의 사회적 관습에 방해를 덜 받기를 원한다. 우리는 세금을 덜 내기를 원하면서 동시에 정부가 보다 재정적인 안정을 제공할 수 있는 왕국을 이루길 원한다. 그러나 그것을 동시에 가질 수는 없다. 만약 결과를 원한다면 대가를 지불해야만 한다. 우리는 지금까지 너무 황량한 방식으로 문제를 다루어 왔다. 비밀은 원인의 변화에 있다.

우리는 수고 없는 사랑을 원한다. 우리는 노력 없이 일련의 혜택을 원한다. 우리는 점점더 애완동물둘처럼 그냥 따르기만 하며 아무 것도 요구하지 않는 그런 아이들을 원한다. 이것은 이기주의와 자기애가 행동으로 나타난 것이다.

고통, 희생, 노력은 점점 더 많은 사람들에게 받아들일 수 없는 것이 되고 있다. 만약 당장 성공할 수 없다면 모든 것이 엉망이다. 지금 기분이 좋다면 그대로 해라. 감정적인 안정을 구하기 위해 우리들 각자는 두 가지 중요한 능력을 키워야만 한다. 변화와 불확실성을 견디며 살아갈 수 있는 능력과 장기적인 목표를 위해 즉각적인 보상을 유예할 수 있는 능력이 그것이다.

우리 모두는 진정한 의미에서 자신이 선택한 수백 가지 제약의 볼모가 되고 있다. 어린 아이였을 때 우리는 자신의 삶에서 중요한 성인의 가르침이나 삶의 스타일을 받아들이거나 거절한다. 10대나 젊었을 때 우리 가운데 상당수는 동료들의 기준에 따를 필요가 있다고 느낀다. 다르다는 생각에 빠져드는 것은 어리석다고 생각하면서 우리는 실제로 군대식의 구령에 맞춰 완전히 똑같은 복장을 갖추고 행진하고 있는 것이다.

책임있는 지도자가 되기 위해서 우리는 다음과 같을 경우 다르다는 것은 존경할 만하고 가치 있는 것이라는 것을 이해해야만 한다:

인생의 가장 큰 위험은 당신의 안전을 다른 사람에게 의지하는 것이다. 당신의 안전은 스스로를 독립시켜주는 계획과 행동 그리고 당신 자신의 선택에 의해 확보될 수 있는 것이다.

당신이 진정으로 자기 자신에게 충실하다면 무엇이 목표를 달성하는 것을 방해하는가? 당신은 계속 반복해서 어떤 실수를 범하고 있는가? 그 실수들 중에는 다음과 같은 것들이 있는가?

- 나는 필요한 것을 갖지 못했다.
- 나는 적절한 교육을 받지 못했다.

- 나는 이 분야에서 그 수준까지 도달할 만큼 훈련을 받지 못했거나 능력이 없다.
- 나는 충분한 재능이 없다.
- 나는 나이가 너무 많다.
- 나는 나이가 너무 어리다.
- 나는 책임을 원하지 않는다.
- 나는 현재의 직업을 잘못 선택했다.
- 내가 일하는 분야는 경쟁이 지나치게 치열하다.
- 나는 충분한 신용을 확보하지 못했다.
- 나는 충분한 자본이 없다.
- 나는 스스로 동기유발이 잘 되지 않는다.
- 나는 아직 때를 만나지 못했다.

위의 내용 가운데 익숙하게 들리는 것이 있다면 당신은 그 모든 것이 자신과 자신의 이상과 목표 사이의 편견에 불과하다는 것을 깨달아야만 한다.

만약 누군가가 최근 당신에게 당신 아이디어가 미친 것이라고 말하지 않았다면 그것은 당신이 순수하게 독자적으로 생각하지 않았다는 뜻이다. 리더십은 안전 제일주의에 머물거나 언제나 낡아빠진 방식을 답습하는 것은 아니다. 문제를 해결하고 기회를 창출하는 리더의 아이디어는 창조적인 시행착오에서 시작된다. 그것은 우리로 하여금 가정에 도전할 것을 요구하고 과거의 한계에 대해 생각하고 끊임없이 위험을 감수할 것을 요구한다.

간단히 말해서 그것은 우리에게 편견을 벗어버릴 것을 요구한다. 편견이란 사실이 알려지기 전에 도달한 또는 사실이 변한 후에도 유지되는 판단이나 의견을 말한다. 편견에 안주하는 것은 상당히 심각한 문제다. 왜냐하면 그것은 변화에 효과적으로 대응할 수 있는 우리의 능력을 제한하기 때문이다.

편견은 이상을 제한한다. 그것은 우리로 하여금 존재할 수도 있는 것보다는 이미 존재하는 것 또는 존재하지 않음에도 불구하고 존재한다고 상상하는 것에만 초점을 맞추게 한다. 편견은 창의성과 갈등을 야기한다. 편견은 어떤 문제에 대한 해결 방식이 여러 가지가 있는 경우에도 오직 한 가지 옳은 방법만이 있다고 주장한다. 편견은 문제의 정확한 파악을 방해한다. 리더들은 때때로 분명하게 파악되지 않은 문제를 해결하기도 한다. 그런 문제들은 단순히 상식적인 것들이며 따라서 사람들이 믿는대로 처리하면 되는 것들이다. 프레드 스미스가 패드럴익스프레스를 현실화시키기 전까지만 해도 사람들은 야간특송 서비스를 국가적인 사업으로 생각하지 않았었다. 그들은 단순히 "마음이 편하지 못하다. 이 물건은 내일 아침까지 누구 책상 위에 올려놓아야만 하는데. 그때까지 거기에 갖다놓을 수 있는 방법이 있으면 정말 좋을 텐데" 하고 생각했다.

편견은 정보의 흐름을 제한한다. 편견에 사로잡힌 사람들은 다른 생각에 마음을 열기보다는 자신들이 모든 적절한 사실을 알고 있다고 믿기를 선택한다.

언젠가 작가 토머스 울프는 저널리스트에게 무엇보다도 필요한 것은 "휴대용 무지", 즉 편견 없이 다른 사람의 관점을 받아들이기 위해 자신이 이미 "알고 있는" 것을 옆으로 밀어 놓을 수 있는 능력이라고 지적한 바 있다. 오늘과 같은 지식의 시대에 자기 통제력을 지닌 지도자가 되기 위해서는 휴대용 무지의 습득이 반드시 필요하다. 우리의 정신은 그냥 내버려두면 세계를 자신에게 익숙한 방식으로 이해한다. 그것이 사실에 근거하고 있는지를 결정하지 않고 가정을 고수하는 것이 (일시적으로는) 보다 쉽고 편하다. 따라서 우리는 호기심이나 경이감을 상실하게 된다. 편견에 사로 잡힌 사람들은 주변 상황에 대해 보다 덜 주의를 기울이게 된다. 그들은 새로운 형식을 찾거나 예외를 구하지도 않고 이유를 묻지도 않는다.

기회는 예고 없이 찾아온다. 편견에서 벗어나는 것은 저절로 이루어지지 않는다. 그리고 나이가 들수록 편견에서 벗어나기는 더욱 어려워진다.

다음은 당신의 편견지수를 측정하는 데 도움이 되는 연습문제이다. 다음의 일련의 진술에 대한 당신의 전형적인 반응 (고쳐야겠다고 알고 있는 게 아니라)을 적어보면 지금 당신이 어느 위치에 있는지를 개략적으로 알 수 있을 것이다.

① 나는 옳은 것보다는 진리를 알기를 원한다.
② 나는 때때로 아내나 남편, 동료, 친구, 그밖의 사람들로부터 정반대되는 반응을 구하곤 한다.
③ 나는 때때로 질문이 너무 많다는 비판을 받는다.
④ 나는 다른 의견이 대체로 도움이 된다고 믿는다.
⑤ 규칙적인 것을 좋아하고 그것을 고수하는 경향이 있다.
⑥ 심각한 문제에 부딪히지 않는 한 상담을 믿지 않는다.
⑦ 반드시 다른 사람의 관점에서 사물을 이해한다.
⑧ 나는 완전히 열린 마음으로 사물을 보려고 노력한다.
⑨ 사람들은 자신들의 실패나 약점을 나와 공유하기를 좋아한다.
⑩ 나는 선입견없이 다른 사람들의 이야기에 무조건 귀를 기울인다.
⑪ 약간의 정보만으로 즉시 결정을 내리는 경향이 있다.
⑫ 나는 객관적이다.

당신의 반응은 무엇을 보여주는가? 모든 사람이 다른 사람의 관점과 비슷할 경우 리더로서 당신의 성공은 당신이 얼마나 신선한 정신을 가지고 있느냐에 달려 있다. 그리고 당신이 그 방향으로 나아갈 수 있는 지에 달려 있다.

자영업자라면 당신의 닫힌 마음은 다른 사람들의 주의를 끌지 않은 채 넘어갈 수 있다. 아무도 실제로는 당신이 어떻게 생각하고 문제를 해결하고 또 자신을 위해 어떻게 기회를 창출해내는지를 알지 못할 것이다. 사람들은 단지 결과의 성공 실패 여부만을 알 수 있을 뿐이다. 만약 당신이 리더라면 당신의 직원들은 얼마 지나지 않아 당신의 편견을 알아차리게 될 것이다. 그들은 그것에 대해 아무 말도 하지 않을지도 모른다. 그러나 그들의 반응은 생산성이 떨어지는 것으로 이어질 것이다. 즉각적이고 편견 없는 정보와 의사소통은 지식의 시대에 대단히 중요하다. 그러나 직원들은 당신의 편견을 만족시키기 위해 정보를 차단할지도 모른다.

성공의 대가에 대한 두려움이야말로 편견에 사로잡힌 사람들이 변화를 거부하는 가장 중요한 원인이라고 확신한다. 왜냐하면 성공은 값을 치러야 하며 그것은 다음과 같은 것들이다.

① 나쁜 습관, 타당성 없는 가정을 버리는 책임 있는 태도
② 우리 자신의 삶에 모범적인 것을 받아들이는 태도
③ 성공에 도움이 되지 않으며 따라서 우리를 후퇴시키는 경향이 있거나 그것을 원하는 동료들과 거리를 둠

④ 우리 자신과 다른 사람들을 익숙하지 않은 길로 이끎

⑤ 목표에 이르기 위해 더 열심히 일하고 그것에 따른 보상을 기꺼이 연기하려는 태도

⑥ 우리를 자신들과 같은 곳에 잡아두려는 사람들의 비난과 시기를 기꺼이 감수하려는 태도

이런 것들이 사람들로 하여금 현재를 벗어나 과거의 기억이나 미래의 예상에 사로잡히게 만드는 성공의 대가로 인식되는 것들 가운데 일부이다. 반면에 리더는 성공의 대가에 당황하지 않는다. 그들은 긍정적인 동기를 부여하고 키워나간다. 그들은 잠재력을 추구하기로 결심하고 자신의 재능과 인생의 요구 사이에 끊임없는 대화를 해나간다.

장애가 되는 세 가지 관례

셀프리더십을 발휘하는 리더가 반드시 피해야만 하는 편견이라는 습관은 평균, 전통적 지혜, 집단적 사고라는 습관이다.

평균의 관례

우리는 대체로 평균이면 충분한 사회에 살고 있다. 근로자들은 아침 9시에 출근카드를 찍는 것으로 시작해 오후 5시까지 일한다. 많은 관리자들에게도 직업은 주말과 주말 사이의 방해물일 뿐이다. "너무 열심히 일하지 마라"는 우리 시대에 유행하는 구호다. 보다 더 열심히 오래 일하는 사람들은 때때로 조롱거리가 되기도 한다. 모든 위험과 책임을 감수하려는 사업가들은 다른 사람들의 원망을 받게 된다, 탁월함은 거의 비난을 받는 지경이다. 자신의 선택에 의해 평범함을 벗어날 권리, 정상에 오를 권리는 모든 개인은 평등한 결과를 누려야 한다는 주장에 밀려 사라진다. 수백만 명이 복권에 당첨될 때 소수의 사람이 혼란을 느끼는 반면 특별한 노력을 통해 돈을 번 사람들에 대해 보다 많은 사람들은 당혹스러워한다. 이제 승자들은 마치 우리 각자로 하여금 동료들 사이에 더 이상 숨지 말아야 할 것을 상기시켜주는 불편한 존재가 되고 있다.

평범함이야말로 사회적으로 결점을 감춰주는 유일한 장점이라는 것이 불변의 규칙이 되고 있다. 그것은 태어나서 죽을 때까지 최소한의 불편함과 특별히 높거나 낮은 것 없이 단지 중간 정도(지루한 리듬으로 살아가는 지리멸렬한 삶)를 유지하는 것이다. 우리는 평균 대신 할 수 있는 최선을 다해 싸워야만 한다.

전통적 지혜

전통적 지혜는 단지 누군가가 그것을 보다 나은 것으로 대체할 때까지 유지되는 의견의 일치에 지나지 않는다. 전통적 지혜가 지구는 평평하다고 주장했을 때 그 패러다임에 지나치게 집착했던 사람들은 새로운 설명을 믿으려 하지 않았다. 왜냐하면 그것이 틀리다는 것이 증명되면 체면이 깎이기 때문이었다. 이것은 우리의 에너지 정책, 새로운 건축 공법, 농사법, 복지정책, 세금 제도, 그리고 리더십 자체도 마찬가지다. 얼마 전까지만 해도 주도적인 리더십 패러다임은 중앙집권적인 권력이었다. 명령과 통제에 의한 관리는 영원히 계속될 것 같았다. 이는 다른 사람에 대한 권력의 행사로부터 권한 위임으로의 이동이 왜 그렇게 어려운가를 증명해준다.

200년 전 자동차 산업의 상황을 기억해보라. 노동자와 관리자 사이의 심각한 불화는 필연적인 것처럼 보였다. 관리자들의 뿌리 깊은 가정은 노동자들은 천성이 게으르고 다투기를 좋아한다는 것이었다. 반면에 조직화된 노동자들은 관리자를 구제할 수 없는 황폐하고 탐욕적인 인간들이라고 생각했다. 그런데 1980년대에 미국에 일본 공장이 세워짐에 따라 일제 자동차의 공격이 시작되었고 상황은 끝이 났다. 일본인들은 미국의 전통적인 지혜를 사들이지 않았다. 일본 자동차 회사들은 일반적으로 미국 회사들에 비해 제품의 질, 결근율, 노사관계, 고객과의 관계에서 우수했다. 일본인들은 미국인 노동자들과 같이 일하면서 자신들의 경기 방식으로 미국 땅에서 미국인을 물리친 것이다.

집단적 사고

리더들은 때때로 그들이 뛰어난 능력을 발휘하는 분야에서 이단자처럼 보이는 경우가 있다. 전보를 발명한 새뮤얼 모스(Samuel Morse)는 초상화가였다. 증기선을 발명한 로버트 풀턴은 교사였다. 갈리레오 갈릴레이는 양복쟁이였고 빌 게이츠는 대학의 낙제생이었다. 이스라엘의 초대 여성 수상이었던 골다 메이어는 밀워키 출신의 이혼한 할머니였다.

수많은 이단자들의 성공을 설명해주는 것은 무엇인가? 그것은 그들이 결코 많은 사람들이 그렇듯이 집단적 사고에 오염되지 않았다는 것이다. 집단적 사고는 모든 직업, 조직, 산업, 사회에서 강력한 힘을 가지고 있다. 그것은 "이것이 지금까지 우리가 해온 방식이다. 따라서 구령에 맞추어 걷고 행진해야 한다"는 생각이다.

당신은 최고경영자이다. 많은 회사들이 그들의 사업영역과 위계질서를 무너뜨리는 것처럼 당신 역시 한 개인으로서 지식의 시대가 요구하는 변화에 부응하기 위해 자신을 개혁해야만 한다. 당신이 이것을 읽는 날부터 나는 당신에게 다음과 같은 역설적 속담에 따라 살아갈 것을 추구한다.

당신은 자기 스스로를 고용한 것처럼 행동해야 한다. 그러나 반드시 팀플레이어가 되어라.

이것이 의미하는 것은 당신은 자신의 최고경영자라는 것이다. 당신 자신을 한 사람의 고용인을 가진 회사라고 생각하기 시작하라. 당신은 보다 큰 회사를 위해 서비스를 제공하는 작은 회사(아주 작은 회사지만 그것은 전혀 문제가 되지 않는다)다. 당신은 어쩌면 내일은 다른 조직에 그 서비스를 팔지도 모른다. 그러나 그것이 현재의 고용주에 대한 충성심에 손상을 가져오는 것은 아니다. 이러한 방식으로 자신에 대해 책임을 지는 것은 당신이 자신의 개인적이고 장기적인 이해를 고용주와 같이 하지 않는다는 것을 의미한다.

우선 첫째 단계는 직업을 잃고 자신의 기술이 쓸모없다는 것을 발견한 사람들의 운명을 겪지 않는 방법을 찾아내야 한다. 다음 단계는 수동적인 대신 능동적인 됨으로써 그 가능성으로부터 자신을 보호하는 과정을 즉시 시작하는 것이다. 스스로에게 자신이 얼마나 약한지 그리고 그것에 대해 자신이 할 수 있는 일은 무엇인지를 물어보라. "내가 주의를 기울여야 할 경향은 무엇인가? 내가 얻어야 할 정보는 무엇인가? 내게 부족한 지식은 무엇인가?" 다시 당신 자신을 하나의 회사로 생각하고 이런 목적을 위해 회사를 조사하고 발전시켜라. 자신의 전략 수립 부서를 만들어라. 훈련 부서를 조직해 당신의 최고의 근로자가 최신 기술을 습득할 수 있도록 만들어라. 당신이 자신의 사회적 안정을 책임지고 있다는 것을 알 수 있도록 연금 계획을 시작하도록 하라. 은퇴 후에 정부를 믿는 것은 당신의 자금을 관리해줄 회계사로 엉터리 도박사를 고용하는 것과 같을 뿐이다.

당신은 자신의 목표를 확실히 수립하고 자원을 배당하게 해주는 이상을 가져야만 하는 최고경영자이다. 일차적인 관심사가 시장에서 당신의 생존 가능성을 확실히 하는 것이기 때문에 당신은 모든 결정을 전략적으로 생각해야만 한다. 자신의 미래에 책임을 지려는 이러한 마음가짐은 자기 스스로를 고용한 사람에게만 중요한 것이 아니라 우리 모두에게 꼭 필요한 것이 될 것이다. 오늘날 사람들은 더 이상 하나의 직업만을 가지고 살아가지 않는다. 우리 대부분은 일생 동안 5개 이상의 서로 다른 직업을 가지고 살아갈 것이다.

당신이 자신의 인생의 최고경영자가 되어야만 하고 언제나 하나의 회사처럼 행동한다 해도 미래를 위해 팀의 지도자가 되는 것 역시 마찬가지로 중요하다. 우리는 그 이유에 대해 이 책의 뒤에서 보다 심도 있게 검토할 것이다. 여기에서는 휴대용 지식과 이용 가능한 정보를 기억하는 것으로 충분하다. 급변하는 세계에서 혼자 무엇을 이루는 것은 이제 더 이상 가능하지 않다. 이제 세계는 모두가 한 동네 이웃인 새로운 지구촌 시대가 되고 있다. 그럼에도 불구하고 다른 사람에게 의지하는 것보다는 상호 의존적이 되어야만 한다. 그것은 우리가 만나는 모든 사람을 잠재적 고객이자 미래에 전략적 동맹 관계를 발전시킬 수 있는 사람으로 취급하는 것을 의미한다.

인생의 많은 일들이 통제의 범위 밖에 있는 것이 사실이기는 하지만 그럼에도 불구하고 당신은 상황과 조건에 상관없이 엄청나게 많은 것들, 우리 자신이 기꺼이 인정하는 것보다 훨씬 더 많은 것을 통제할 수 있다. 다음은 그 중에서 가장 중요한 것 12가지다.

① 당신은 밤이나 낮 동안 대부분의 자유시간에 하는 일을 통제할 수 있다.

② 당신은 자신이 수행하고 있는 일에 얼마나 정력을 쏟고 노력을 할 것인지를 스스로 통제할 수 있다.

③ 당신은 자신의 생각과 상상력, 당신이 생각하는 방향을 통제할 수 있다.

④ 당신은 자신의 태도를 통제할 수 있다.

⑤ 당신은 자신의 혀를 통제할 수 있다. 당신은 침묵을 지키는 것을 선택할 수도 또 말하기를 선택할 수도 있다. 만약 말하기를 선택했다면 당신은 단어와 목소리의 톤을 선택할 수 있다.

⑥ 당신은 누구를 역할 모델로 선택할 것인지 또는 조언이나 영감을 주는 사람을 누구로 구할 것인지를 통제할 수 있다. 당신은

여가시간을 누구와 보낼 것인지 - 그리고 상당 부분까지 누구와 대화를 나눌 것인지를 통제할 수 있다.

⑦ 당신은 자신이 스스로나 다른 사람에게 할 것을 절대적으로 약속하거나 언질을 하는 것을 통제할 수 있다.

⑧ 당신은 자신의 시간과 아이디어에 부여하는 원인을 통제할 수 있다. 이것을 목적 배후의 목적이라고 부른다.

⑨ 당신은 자신의 회원 자격을 통제할 수 있다.

⑩ 운명은 부분적으로는 당신의 책임이다. 당신은 그것을 통제할 수는 없지만 자신의 카드를 어떻게 움직일 것인가는 통제할 수 있다.

⑪ 당신은 자신의 관심과 걱정거리, 그리고 그것에 어떤 행동을 취할 것인가를 통제할 수 있다.

⑫ 당신은 힘든 때와 어려운 사람에 대한 반응을 통제할 수 있다.

다음은 사업과 개인 생활에 있어 보다 확실하게 책임감을 느낄 수 있도록 도와주는 몇 가지 행동 지침이다.

① 이러한 긍정적 모토를 실천하자. 삶에 있어서 내가 받는 보상은 나의 기여와 헌신을 반영한다.

② 지식과 기술의 개발에 투자하라. 인생에 있어 유일하고 진정한 안전은 우리 안에 있다.

③ 매일 자신만을 위해 15분을 할애하라. 그것을 당신에게 가장 중요한 것을 이루기 위해 어떻게 하면 시간을 가장 효과적으로 쓸 수 있는가를 깊이 생각하는 데 이용하라.

④ 자신을 다른 사람과 비교하기보다는 스스로 기준을 설정하라. 성공하는 사람들은 다른 사람이 아니라 자신과 경쟁해야만 한다는 것을 알고 있다. 그들은 자신의 경기를 해나간다.

⑤ 자신에게 의지하는 법을 배워라. 다른 사람이나 물질적 보상, 또는 당신에게 만족감을 주는 그럴 듯한 직함에 의지하지 마라. 그것이 자신의 내부에서 나오는 것일 때는 어느 누구도 당신의 자존심을 빼앗을 수 없다.

⑥ "미안하지 않습니다"는 미 육군사관학교 웨스트포인트의 모토다. 당신이 실수를 했거나 과제에서 실패할 경우 사과하거나 다른 사람 탓을 하지 마라. 지시를 이행할 수 없다면 사과하는 대신 항상 즉각적으로 원인을 파악하라.

⑦ 자신을 분석하기 위해 다른 모토를 사용하라. 인생은 당신 자신이 해나가는 프로젝트다. 부하나 팀원이 문제를 일으키면 먼저 그들에게 그들이 생각하는 것은 문제를 해결하는 것이어야 한다는 것을 요구하라. 해결을 위한 책임 할당을 확실히 하고 부하나 직원에게 전달하라. 그들을 위해 그것을 처리함으로써 쉽게 해결하는 방식을 택하지 마라.

⑧ 직원, 그리고 자녀로 하여금 처벌이나 거절의 두려움 없이 실수를 하게 하라. 그들에게 실수는 성공으로 이어지는 계단이 되는 배움의 기회로 받아들여야 한다는 것을 보여주어라.

⑨ 자신의 세계에 대해 호기심을 더 가져라. 자연의 경이와 풍요로움을 관찰하라. 요약된 책을 읽고 중요한 아이디어를 직접 자료 파일로 옮기기 위해 스캐너를 구입하는 데 투자할 것을 고려하라. 운전 중에 오디오북을 들어라. 소식지를 구독하라. 컴퓨터 온라인 서비스망에 가입하라. 당신의 직업 분야에서 가장 성공적인 사람들의 조언을 구하고 그들과 상담하라.

⑩ 매일, 매주 틀에 박힌 생활을 깨뜨려라. 안락함이라는 틀에서 벗어나라. 한 달 동안 텔레비전을 보지 마라. 일하러 갈 때 다른 길

이나 다른 교통수단을 택하라. 완전히 다른 분야의 사람들과 점심을 하고 다른 분야의 간행물을 읽어라.

⑪ 삶에서 당신의 위치에 대한 비난을 정직하고 솔직하게 받아들여라. 그리고 당신의 성공을 위한 신용을 그럴 만한 자격이 있는 사람과 공유하라.

〈3장〉

배움

benchmarking

배움

benchmarking

❖

    제록스 사가 1980년 품질관리 프로그램을 개선하기 위해 벤치마킹 기법을 이용함으로써 업계에 이 용어의 유행을 몰고온 것으로 알려지고 있다. 2년 후 제록스 사는 마인에 본부를 둔 소매회사인 엘엘빈(L. L. Bean)과 손을 잡고 내수에서 승리를 거두기 위해 최초로 벤치마킹 작업을 하게 되었다. 재고와 유통에서 생산성을 높이기 위해 제록스는 엘엘빈을 모델로 삼았다. 제록스는 엘엘빈을 직접 연구함으로써 결과적으로 재고에 있어서 10%의 생산성 향상과 유통비용에 있어서 3-5%의 효과를 보았다. 아무도 제록스 사가 스포츠 용품 소매회사와 협력 관계를 맺으리라고 예상하지 못했었다. 다른 예를 들자면 주문과 이동전화의 배달 사이의 시간을 줄이기 위해 모토롤라가 도미노 피자와 손을 잡고 강력한 벤치마킹을 해나가리라고 예상했겠는가?

    벤치마킹의 성행은 기업으로 하여금 세계 최고를 추구하고 그것을 그들 자신의 상황에 맞게 개량하여 채택하도록 맞드는 세계적인 차원의 강력한 경쟁이다. 세계 주요 대기업들은 어떤 형식으로든 그것을 시행하고 있다. 그것은 또 개인으로 하여금 학습 목표를 선택하고 그것을 성취할 수 있도록 허용할 수 있음은 물론 그렇게 되어야 한다. 우리는 자신과 다른 사람을 비교하는 것이 좋은지를 어떻게 알 수 있는가? 만약 모범적인 학습자를 찾지 못한다면 우리는 충분히 그리고 충분할 만큼 빨리 배웠는지를 어떻게 알 수 있는가? 경쟁적인 기업의 벤치마킹은 현재 우리가 어디에 있으며 또 우리 분야의 다른 기업과의 관계에서 우리가 배워야만 하는 것은 무엇인지를 확립하는 것을 도와줄 수 있다. 완전히 다른 분야의 같은 시대 기업을 관할하는 것은 지금은 누가 최고이고 앞으로는 누가 최고가 될 것인지에 대한 충분한 전망을 제공한다. 그리고 그 이유도 알려준다!

싱가포르의 모든 최고경영자는 세계에서 가장 성공적이고 수익을 많이 올리는 정부 소유 기업 중 하나인 싱가폴에어라인의 승무원 및 서비스 프로그램 과정을 거친다 싱가포르는 10년 이상 세계에서 가장 생산성이 높은 나라다. 최고경영자의 업무 성취도가 높은 것은 결코 우연이 아니다. 벤치마킹은 단순히 다른 회사의 우리와 상대되는 부분에 근거해서는 안된다. 주요 호텔 체인의 최고경영자들이 벨보이, 프론트 데스크, 하우스키핑, 담배 시중 등의 훈련 과정을 거치는 것 역시 우연이 아니다.

『배움의 칼날(The Learning Edge)』이라는 책은 이렇게 쓴다. "우리는 관리자의 역할, 특히 중간 관리자의 역할이 복잡한 조직에서 어떻게 변하는지에 대한 보다 깊은 이해에 관심을 가지고 있었다. 우리는 관리자의 새로운 역할에 대한 많은 자료를 읽었다. 그러나 실제로 우리 관리자들이 해나가는 일에서는 큰 변화를 발견할 수 없었다. 따라서 우리는 중간관리자 팀을 다른 기업의 동료들에게 파견해서 그들의 업무가 어떻게 변하고 있는지에 대해 이야기를 나누도록 했다. 휴렛팩커드 사는 성공적인 관리 방식으로 인정을 받고 있었기 때문에 우리가 일을 처리하는 방식이 옳은 방식이라고 믿을 가능성이 많았다."

만약 최고가 되거나 최고에 머물기를 원한다면 당신은 경쟁자들이 하고 있는 것 이상을 알아야만 하며, 그것이 어디에 있든 최고의 업무 처리 방식을 알아야만 한다. 경쟁사 제품을 탐구하는 가장 믿을 만한 방법은 그것을 분해하는 것이다. 1990년 애플은 자신들이 추월당했던 하드웨어의 방식을 파악했다. 애플이 최초로 휴대용 컴퓨터를 소개한 후 컴팩은 6파운드짜리 노트북 컴퓨터를 선보였다. "우리는 그것을 분해해본 다음 아찔했다. 왜냐하면 우리는 비슷한 것조차 만들 수 없었기 때문이다"라고 애플의 경영자는 〈뉴욕 타임즈〉와 회견에서 밝혔다.

애플은 이듬해인 1991년 노트북 컴퓨터를 내놓았고 그후 컴팩의 판매량은 더 이상 늘지 않았으며 시장점유율은 떨어지기 시작했다. IDTK의 애커드 파이퍼(Eckhard Pfeiffer)는 〈뉴욕타임즈〉와 회견에서 과거의 성공은 컴팩의 눈을 멀게 했다고 말했다. "지난 9년 이상 회사가 너무나 성공적이었기 때문에 성공의 공식이 작용하고 있다는 것을 조금도 의심할 수 없었다. 그러나 그것이 이미 일어나고 있는 변화를 보지 못하게 만들었다. 회사는 1990년대의 환경을 감당하기 위해 필요한 변화를 인식하는 데 실패했다."

개인적 벤치마킹을 위해서는 새로운 리더십의 철학을 갖춘 리더를 선택하는 것이 중요하다. 벤치마킹의 가장 중요한 약점은 비교를 위해 잘못된 경쟁자를 선택하는 것이다. 대표적인 사례가 컴팩이 그 자체에 엄청난 문제가 있는 IBM을 대상으로 삼은 것이다. 컴팩은 애플 대신 완전히 잘못된 대상인 IBM을 벤치마킹한 것이다.

잭 웰치는 문제의 핵심은 당신이 가고 싶거나 가기를 휘망하는 곳이 아니라 지금 현재 어디에 있는가를 정확하게 파악하는 것이라는 점을 강조했다. 그것은 여기에서 거기까지 도달할 기회를 정확하게 평가하는 것과 마찬가지로 당신이 실제로 있는 곳과 앞으로 5년 후 당신이 필요로 하는 곳과 위치를 파악하는 것이다. 이것은 당신의 당신의 장점과 약점, 원하는 목적지에 대한 분명한 이해를 요구한다. 다시 말해 당신 인생에 대한 명료한 전망을 요구한다.

"세계는 대체로 진실을 말해줄 만큼 우리를 사랑하는 사람들이 부족하기 때문에 멸망해가고 있다"고 리처드 볼스(Richard Bolles)는 『당신의 낙하산은 무슨 색깔인가(What Color Is Your Parachute)?』에서 쓰고 있다. 학교의 능력별 반편성에서 벗어나는 것은 동일한 교육적 파괴를 가져왔다. 사람들의 소질, 관심, 가치, 감정에 대한 지식은 자기 실현을 위한 토대를 구축하는 것을 도와준다.

만약 누군가를 사랑하게 되면 그 사람에게 그에 대한 진실이라는 선물을 주어라. 만약 자신을 사랑하면 자신의 장점과 단점에 대한 진실을 발견하라.

자신의 성격, 능력, 관심, 강점, 약점, 특성에 대한 지식은 직업의 선택과 변경에 있어 적극적이 되기 위해 필수적이다. 직업을 구하거나 바꾸기를 원하는 수많은 사람들은 순전히 외적인 압력과 환경, 특히 돈에 대해 반응한다. 어떤 직업이 돈을 잘 벌 것인가라는 그들의 생각은 시대에 뒤떨어진 것이다. 설령 당신이 수입이 좋은 직업을 선택했다 해도 그것은 당신을 비참하게 만들 뿐이며 기껏해야 불리한 입장으로 끝이 나고 말 것이다.

『당신의 낙하산은 무슨 색깔인가』에 실린 만화에는 뉴욕의 센트럴파크를 걸어가는 두 명의 대학생이 나온다. "어이, 너는 무엇을 전공하니?" 첫번째 학생이 물었다. "물리학." 두 번째 학생이 대답했다. "물리학? 무엇 하러 물리학을 전공해? 요즘은 컴퓨터 관련 전공이 최고야." "아니야, 나는 물리학이 좋아." 두 번째 학생이 대답했다. "이봐, 물리학은 월급이 시원찮단 말이야." 첫번째 학생이 우겼다. "정말이야?" 두 번째 학생이 물었다. "전공을 바꾸라구." 첫 번째 학생이 말했다. "좋아, 내일 조사해 봐야겠어." 두 번째 학생이 첫 번째 학생의 말에 동의했다.

엄청나게 많은 인생의 결정이 때때로 개인의 기호와 강력한 능력을 파악하기 위해 집에서 숙고하는 대신 그러한 불충분한 정보에 근거해 내려지는 경우가 있다. 돈 다음으로 두 번째 외적 요인은 무식한 조언이다. 그 대부분이 좋은 뜻에서 비롯된 것이지만 그 가운데 상당수가 좋지 않은 결과로 이어진다. 세 번째 외적 요인은 가족 또는 사회적 압력이다. 아버지와 어머니의 전철을 따르기 위해 낡은 학교와 연결하는 일 같은 압력이다. 네 번째는 직업 시장을 최근의 광고 이상의 실제적인 것이 아무것도 없는 것으로 인식하는 것이다. 다섯 번째는 모든 것을 운으로 돌리는 것이다.

이상할 정도로 수동적인 태도에 사로잡혀 있는 대부분의 사람들은 단순히 직업을 선택하고 때때로 비극적인 결과를 맞게 된다. 우리는 모두 외적 압력과 환경을 처리해야만 한다. 그러나 내적 요인, 즉 우리의 정신과 마음 대신 그것으로 출발하는 것은 우선순위의 엄청난 전도다.

28년 간에 걸쳐 이루어진 영국의 행동주의 과학자들의 일련의 연구는 이 문제에 대해 매우 적절하다. 21년 전에 이루어진 첫 번째 연구에서는 일곱 살 난 어린이 집단이 그들이 좋아하는 것, 싫어하는 것, 외모와 의견, 미래에 대한 개인적 비전 등이 자세히 인터뷰되었다. 그들이 가장 좋아하는 일은 무엇인가? 그들은 어른이 되면 무엇을 하고 싶어하는가? 인터뷰는 녹화되어 BBC에서 방영했다. 이 실험의 목적은 어린 시절부터 어른에 이르기까지를 추적하는 것이었다.

첫 번째 연구는 7세(Seven-Ups)라는 이름이 붙여졌다. 7년 후 10대가 된 같은 아이들에 대한 새로운 인터뷰 기록은 14세(Fourteen-Ups)라고 명명되었다. 이것은 21세, 28세로 이어졌으며, 35세까지 진행되었는

데 주제는 삶의 대부분을 무엇을 해왔으며 또 무엇을 하고 있는지에 대한 상세한 인터뷰다.

이 연구는 우리가 어린 시절부터 어른에 이를 때가지 잠재적으로 또는 겉으로 드러나는 재능을 가진 일을 좋아하고 잘 한다는 것을 확인시켜 주었다. 놀랍게도, 어쩌면 인간의 동기유발을 연구하는 사람들에게는 예측 가능한 일일 수도 있지만 궁극적으로 직업이나 삶에서 지향하는 목적과 관계있는 모든 문제는 그들이 7세에서 14세까지 가지고 있던 관심과 관련이 있었다. 비록 대부분이 어린 시절이나 10대 때의 관심사에서 벗어난 삶을 살고 있었지만, 일부는 완전히 다른 삶을 살고 있었지만 실질적으로 그들이 35세까지 발견한 삶은 어린 시절의 충동, 심지어 습관에만 나타나는 어떤 것과 이어지는 것이었다.

따라서 훌륭한 벤치마킹의 실현은 회사의 핵심적인 사람이나 가족 가운데 중요한 사람들과 주말을 같이 지내면서 어린 시절의 흔적을 털어내는 것이다. 당신 스스로 그렇게 하라. 당신이 진정으로 원하는 것은 어린 아이였을 때 원하던 것이라는 것을 기억하라.

이고르 시코르스키(Igor Sikorsky)는 50대 중반에 헬리콥터를 개발해냈다. 그전까지 그는 4개의 최초로 엔진이 장착된 비행기 개발과 태평양 횡단 여행 계획의 선두 주자로 활동하고 있었다. 시코르스키는 열한 살 때부터 하나의 꿈을 가지고 있었던 것으로 보고되었다. 그는 자신이 만든 거대한 비행선 안에서 부드러운 푸른 등이 번쩍거리는 계기판 사이의 통로를 따라 걷고 있었다. 약 30년 후 그의 친구 찰스 린드버그는 그의 거대한 비행선 가운데 하나를 조종하게 되었다. 일을 진행하기로 결정하자 부조종사였던 시코르스키는 승객실로 향했으며 자신이 푸른 등이 번적거리는 거대한 비행선 안의 계기판 통로 사이를 걷고 있는 자신을 발견했다. 그의 어린 시절의 꿈이 순간적인 회상을 통해 플래시백 된 것이다.

70년 전 하버드 대학교 철학과 졸업생인 존슨 오코너는 행복하고 생산적이며 성공적으로 자신의 보조를 조정하는 지도자, 전문가, 기술자, 예술가들은 일반적으로 그들이 천부적인 재능을 가진 일에 종사하고 있다는 것을 깨달았다. 이것은 오코너로 하여금 능력을 측정하는 한 벌의 검사법을 개발하게 만들었다. 이 검사법은 아직도 존슨 오코너 연구 재단에 의해 사용되고 있으며 약간 변형된 양식이 볼 재단에 의해 사용되고 있다. 1980년대에 하버드 대학교의 하워드 가드너가 연구한 랜드마크 테스트는 지능이 여러 분야에서 같은 질로 평가할 수도 없고 또 같지도 않으며 질적으로나 양적으로 다르기 때문에 다양한 재능이 검사되어야 한다는 오코너의 발견을 확인해주었다. 존슨 오코너와 그의 동료들은 이러한 특성 가운데 19개를 파악해냈다. 물론 그러한 특성은 이보다 훨씬 더 많다. 해마다 수천 명의 사람들이 존슨 오코너 검사 센터에 문의를 하고 있다. 많은 사람들이 적성검사를 받고 있는데 그 경비는 투자할 만한 액수이다. 왜냐하면 검사 결과는 개인적인 잠재력에 훌륭한 길잡이를 제공할 수 있기 때문이다.

　검사는 다음과 같은 범주로 나누어진다.

개성 : 특정 개인이 객관적인지, 다른 사람과 같이 일하는 데 가장 적합한지, 주관적인지 아니면 특히 개별적인 작업에 더 적합한지를 결정한다. 70여 년 동안 검사를 의뢰한 60만 명 가운데 약 70%가 객관적인 개성을 가지고 있는 것으로 밝혀졌다.

그라포리아(Graphoria) : 모사 능력과 도형 및 기호를 처리하는 능력이다. 이것은 고급 수준의 회계, 편집, 비서 업무를 빠르고 효율적으로 처리하는 데 필요한 능력이다. 그라포리아는 일반적으로 학업 성적이 얼마나 뛰어난가를 보여주는 지표다.

이데아포리아(Ideaphoria) : 창조적인 상상력과 아이디어를 표현하는 능력을 측정하며 판매, 광고, 교사, 홍보, 저널리즘과 같은 분야에서 필요하다.

구상력 : 구체적으로 시각화하고 3차원적으로 생각할 수 있는 능력이다. 추상적으로 생각히기보다는 구체적으로 생각하는 사람들이 가진 이 적성은 엔지니어, 기술자, 건축가에게 꼭 필요한 것이다.

귀납추리력 : 단편적인 사실에서 논리적 결론을 이끌어내는 데 도움이 되는 능력으로 법률가, 연구자, 진단을 내리는 의사, 비평가들에게 중요한 능력이다. 이들은 모두 지엽적인 것의 덩어리에서 패턴을 파악함으로써 개별적 사례에서 일반적인 결론으로 빠르게 이동할 수 있어야 한다.

분석추리력 : 작가, 편집자, 컴퓨터 프로그래머 등 개념과 관념을 분류하고 연속적으로 조직해야만 하는 사람들에게 필요한 능력이다.

손가락 유연성 : 워드프로세서 작업을 포함해 모든 형식의 매뉴얼이나 기계적 작업에 필요한 능력이다. 또한 조각이나 피아노 연주와 같은 예술적인 작업에 중요하다.

쪽집게 유연성 : 정확하게 작은 도구를 다루는 기능으로 외과 수술, 시계 제작, 마이크로칩의 조립과 같은 직업에 꼭 필요하다. 놀랍게도 이 기술과 손가락 유연성 사이에는 상관관계가 거의 없다.

관찰력 : 주의 깊게 파악하는 능력으로 피검사자에게 몇 가지 물건의 사진을 보여주고 같은 물건의 사진 열 장 이상 가운데서 약간의

차이를 찾아내도록 요구하는 것으로 검사한다. 예술가와 화가들에게 중요한 재능으로 날카로운 관찰력은 현미경을 통한 연구처럼 모든 종류의 연구자와 탐구자들에게 특히 유용하다.

디자인 기억력: 모든 종류의 디자인을 기억하는 능력으로 미술에서는 물론 도면이나 청사진으로 작업하는 모든 사람들에게 대단히 도움이 된다.

음색 기억력 : 소리를 기억하고 재현하는 능력이다.

피치 분별력 : 음악적 톤을 구분해내는 능력이다.

리듬 기억력 : 리듬의 타이밍을 측정할 수 있는 능력이다.

음색 분별력 : 같은 크기와 피치를 가진 소리를 구분해내는 능력이다.

수 기억력 : 동시에 마음속에 여러 가지를 저장할 수 있는 능력으로 법률, 의학, 교수같은 직업에 도움이 된다. 이것은 판단, 진단, 결정의 근거가 되는 사실이나 정보의 양을 산정하는 데 필요하다.

숫자 추리력: 일련의 수 사이의 관계를 파악하는 재능으로 장부정리, 회계, 컴퓨터 프로그래밍, 보험 통계작업 등에 도움이 된다.

실로그램(silogram) : 익숙하지 않은 단어나 언어를 습득하는 능력을 측정한다. 번역자에게 필수적인 이 능력은 강의하는 교사나 언어 교사, 번역 작업을 하는 사람에게도 중요하다.

통찰력: 먼 목표를 인식하고 방법과 장애를 이해하는 능력이다. 통찰력이 필요한 사람 가운데는 시장 조사 분석가, 판매 전망가, 정치학자, 외교관, 정치가, 기업의 지도자 등이 있다.

색 인식력 : 색채를 구분하는 능력으로 패션 디자이너, 멀티 미디어 그래픽 아티스트, 화가, 실내장식가, 광고 전문가 등에게 필수 능력이라는 것은 너무나 분명하다. 그리고 미술과 레이아웃 기능이 포함된 모든 직업에 필요하다.

당신은 강의실에 발도 들여놓지도 않고서 완전한 4년제 대학의 학위, 심지어 그 이상의 학위까지 받을 수 있다는 것을 알고 놀랄 것이라고 생각한다. 비밀은 당신의 컴퓨터, 오디오, 비디오테이프, 우편을 이용하는 것이다. 따라서 당신의 차도 바퀴가 달린 강의실이 될 수 있으며 강의는 테이프를 통해서 들을 수 있다. 이런 방식으로 대학의 학위를 받는 것은 저녁, 주말, 통근시간, 운동 시간을 이용해 4년 이상 걸릴 것이다. 그러나 할 수 있으며 그것도 잘 할 수 있다. 당신은 학교를 다니지 않으면서 학위를 딸 수 있는 그런 대학의 숫자와 학교의 질을 알면 다시 한번 놀랄 것이다. 거기엔 외국의 명문 대학도 포함되어 있다.

당신은 학교에서 배우지 않은 경험이 새로운 목표라는 도전을 감당해내는 데 도움이 될 것인지를 알고 싶을 것이다. 당신은 자신이 고려하고 있는 분야에서 얼마나, 때로는 자원봉사자로 일했는가? 당신은 그 분야에 또는 그와 관련된 어떤 일에 취미가 있는가? 다시 당신의 기억을 도울 수 있도록 관련된 경험의 목록을 만들어라.

도움이 될 가능성이 있는 사람들의 목록 역시 좋은 생각이다. 당신에게 큰 격려를 해줄 것으로 예상되는 사람들로부터 강력한 후원자가 되줄 사람까지 목록을 확장하라. 다른 사람들이 도와줄 수 있는 실질적인 방법을 정하라. 어떤 사람은 정보나 조언을 해줄 수도 있고 또다른 이들은 재정보증을 서줄 수도 있으며 소개의 글이나 추천장을 써줄 사람이 있을 수도 있다. 만약 당신이 그런 사람들을 알 만큼 운이 좋다면 가장 중요한 범주의 사람들은 실제적인 도움이나 전문적인 도움을 주는 사람들이다. 당신의 커다란 목록은 회사나 당신이 속한 분야뿐만 아니라 그 밖의 조언자나 역할 모델을 포함해야 한다. 어쩌면 당신의 골프나 테니스 파트너처럼 함께 운동하는 사람들이 포함될지도 모른다. 중요한 변화를 생각하면 당신은 쉽게 그들과 의미 있는 대화를 나눌 수 있을 것이다.

개인적인 결산을 한 후 당신은 자신에게 다음과 같은 중요한 세 가지 질문을 던질 것이다. 그 가운데 첫 번째 질문은 "내가 알 필요가 있는 것은 무엇인가?"이다. 나는 좋은 의도를 가진 얼마나 많은 사람들이 필요한 정보를 모으지도 않고 빈번하게 계획을 수립하는 데 대해 끊임없이 놀라곤 한다. ("모든 조치가 실패하면 그때 지침서를 읽어보면 될 거야.") 새로운 컴퓨터 서비스 프로그램들은 필요한 정보를 확보하고 있지 못할 경우 점점 더 꺼져가는 소리로 사과를 한다. 그럼에도 불구하고 당신은 필요한 대답을 모두 가지고 있지 않을 수 있다는 것을 인정할 수 있을 만큼 마음이 열려 있으며 알고 있는 것을 받아들일 만큼 충분히 회의적인지를 반드시 현장에서 검사해보아야 한다. 새로운 직책, 도전, 사업 상의 위험에 접근하기 위해서는 당신은 적어도 다음의 다섯 가지 분야에 대해 확실한 정보를 필요로 한다.

① 현재 쓰이고 있는 전문용어와 기본적인 개념들이 나타내고 있는 것은 무엇인가? 모든 활동은 그 나름대로의 대화방식과 문화를 가지고 있다. 만약 컴퓨터 분야에서 일한다면 당신은 매달 변하는 전문용어를 알고 있을 것이다. 주식시장이나 투자 또는 재

무 관련 분야에서 새로 일할 것이라면 당신은 일련의 특수한 내부자들의 용어에 능숙해질 필요가 있다. 특수 집단의 말, 특히 가장 성공한 사람들이 쓰는 언어를 배우는 것은 어휘 학습을 필요로 하며, 그것은 그   에 숨어 있는 개념과 다양한 의미가 어떻게 연결되어 있는가에 대한 완전한 이해를 반드시 포함한다. 토론에서 당신이 그 어휘들을 얼마나 쉽고 적절하게 쓰는가를 - 그리고 당신이 그것을 사용하면서 얼마나 편안하게 느끼는가를 파악함으로써 숙련도를 검증하라.

② 조직적 디자인은 무엇인가? 모든 기업은 그 나름의 구조를 가지고 있다. 때때로 그것은 공식적인 조직표에 나타나지 않는 방식으로 존재하며 오직 짐작할 수 있을 뿐이다. 누가 누구이며 권위는 어떻게 행사되는지를 아는 것은 마치 자신의 공동체의 권력 구조에 대한 지식이 정치 입문자에게 필수적이고 소송에 휘말렸을 경우 항의 과정에 대한 지식이 필수적인 것과 마찬가지로 어떤 조직 안에서든 살아남기 위해서는 꼭 필요하다.

③ 어떤 분야나 어떤 특정 기업이 직면하고 있는 가장 중요한 쟁점이나 문제는 무엇인가? 모든 산업, 기업, 프로젝트는 매 단계마다 나름대로의 장애나 문제에 직면해 있다. 그들은 그 문제를 어떻게 뛰어넘거나 우회하거나 그 충격을 최소화하는가? 예를 들어 모험적인 사업을 계획하거나 시작할 때 또는 새로운 제품이

나 서비스를 소개하려 할 때 시장 분석은 필수적이며 그 시장 안에서 그 제품의 장점과 약점이 결정되어야만 한다. 그리고 제품에 대한 불리한 모든 요소들이 반드시 대단히 신중하게 고려되어야만 한다.

④ 정보는 어떻게 흘러가는가? 모든 기업은 공식적인 정보 채널에 덧붙여 분명히 포도넝쿨 같은 비공식적인 정보 흐름의 길이 있다. 누가 가장 최근의 믿을 만한 유효한 정보에 대한 접근 수단을 확보하고 있는지 그리고 의사 결정권자가 누구 또는 무엇에 의거해 결정을 내리는지를 파악하라. 다시 말해 가장 믿을 만한 사람들과 방아쇠를 당기는 사람이 이용하는 정보의 출처를 파악하라. 당신의 역할 모델, 조언자, 회사의 지도자들이 읽는 것을 읽어라. 현재의 경향, 자료와 새로운 개발, 과정, 이론을 완전히 파악하라.

⑤ 아이디어의 도입이나 변화를 나타내는 신호는 무엇인가? 모든 기업은 이러한 문제에 대해 공식적이든 비공식적이든 나름대로의 규칙을 가지고 있다. 즉 조직 내에서 변화가 어떤 식으로 제안되고 신입사원들이 클럽에 어떤 식으로 받아들여지고 신제품 소개에 적합한 판촉전략은 무엇인지에 대한 그 회사 고유의 규칙이 있다. 그 회사 또는 업계 전체가 이 분야에서 어떤 식으로 일을 해나가는지를 탐구하라.

말할 필요도 없이 당신이 가진 정보의 질은 대단히 중요하다. 그것은 도전에 직면했을 때뿐만 아니라 자신이 믿는 것이 왜 정확하고 현명한지를 설명해야만 할 때도 중요하다. 우리는 지금 알아들을 수 있는 온갖 종류의 소음, 과대 광고와 편견에 근거한 억측에 표류하고 있다. 그것들은 사실이 아니다. 때때로 사실과는 정반대인 경우도 있다. 그러나 당신의 체계로는 그것을 소화할 수 없다. 왜냐하면 그것이 우리의 대기에 자욱하게 퍼져 있기 때문이다. 헛소문에 대항하기 위해서 진짜 유용한 정보를 얻기 위해서 당신은 해로운 커뮤니케이션 공해와 편견을 좀 더 걸러내야만 한다. 당신은 소문을 증거로 의견을 사실로 생각해 의지하지 않도록 노력해야만 한다. 그 대신 자신을 도서관, 강의실, 세미나, 워크숍으로 이끌어라. 그리고 당신이 읽고 들은 저자와 강사의 자격을 검토하라. 다양한 의견과 자료에 대해 개방적이 되어라. 그리고 그것이 당신의 특정한 필요에 정확하고 적합한지를 검토할 만큼 충분히 의심하라. 당신의 목표는 정치 토론에서 점수를 따는 것이 아니다. 그것은 당신 자신을 확신시킬 뿐만 아니라 장애물을 건너뛸 수 있도록 스스로를 실질적인 지식으로 무장하는 것이다.

두 번째 질문. 내가 알 필요가 있는 사람은 누구인가? 삶의 목표에 이를 수 있는 조언을 구할 수 있는 파악하기 위해 잠시 생각해보라. 당신은 성공적인 사람들의 목록을 작성했는가? 우리는 우리 가운데 너무나 많은 사람들이 적절하지 못한 사람에게서 정보와 격려를 얻는다는 사실에 때때로 놀란다. 친근하게 들리는 것으로는 충분하지 않다. 성격과 성취 형식에 대한 신뢰가 반드시 필요하다.

많은 사람들에게 역할 모델은 마치 아이들이 우러러보는 어른의 이미지와 같은 것을 불러일으킨다. 물론 아이들은 좋은 역할 모델을 필요로 한다. 그러나 어른들도 마찬가지이다. 당신이 하고 싶거나 되기를 원하는 것을 표상하는 역할 모델을 발견하는 것은 당신의 인생과 직업에 엄청난 힘을 줄 것이다.

가장 좋은 역할 모델은 당신이 그 사람과 개인적으로 가깝게 지낼 수 있어야 한다는 점에서 유명 인사가 아닌 것이 바람직하다. 특히 당신과 비슷한 배경이나 직업을 가진 사람이면 더욱 바람직하다. 당신이 현재 처한 상황과 비슷한 상황을 살아온 사람이면 좋다. 이것은 저자, 교사, 지도자가 역할 모델이나 조언자가 될 수 없다는 것을 의미하는 것은 아니다. 책이나 오디오, 비디오, 컴퓨터 프로그램으로 그의 생각을 접할 수 있는 사람에게서도 많은 것을 배울 수 있다. 만약 당신에게 직접 말하는 것처럼 느껴지는 저자나 강사를 만나게 되면 그들을 단지 그냥 존경하지만은 마라: 그들의 삶과 일을 참고함으로써 그들에게서 진정으로 배워라. 그러나 이러한 종류의 역할 모델로는 충분히 목적을 달성하기가 어렵다. 왜냐하면 당신은 개인적으로 시간을 같이 보내며 직접적인 대화를 통해 경험을 나누고 그의 생각을 탐구해야 하는 사람들 선택해야 하기 때문이다.

개인적인 역할 모델과 조언자를 찾을 때 외적인 성공을 거둔 사람 뿐만 아니라 개인적이 행실을 포함해 그의 삶이 장점의 축적인 그런 사람을 구하라. 직업 상의 성공이 성격과 따로 이루어지는 경우는 거의 없다. 한 개인의 삶의 어떤 측면은 다른 측면에 반드시 영향을 미친다. 당신이 젊고 비교적 경험이 많지 않다면 당신의 선택은 아마 보다 성숙하고 한창 전성기의 기업가 족으로 이루어질 가능성이 높다.

팀을 구성할 때 끈기와 성취 능력을 증명해 보인 적이 있는 베테랑과 초보자를 같이 섞는 것이 좋다. 젊고 야심만만한 초보자와 풍부하고 다양한 경험을 지닌 베테랑의 조화는 대단히 강력한 힘을 발휘한다. 당연히 보다 열정적이고 강렬한 경향이 있는 조보자들은 때때로 인내심이 부족하고 힘을 지속적으로 유지하지 못한다. 그러나 그들은 보다 혁신적이고 현실에 대해 유연하다. 그들이 경험이 풍부한 선임자의 실질적인 지식으로 혜택을 받는 것처럼 베테랑들도 젊은이들의 아직 실패와 좌절에 의해 꽉 막혀버리지 않은 새로운 생각에 대한 개방성 으로부터 이익을 얻을 수 있다.

세 번째 질문. 내가 필요로 하는 경험은 무엇인가? 어떤 것을 배운다는 것은 실제로 그것을 하는 것과는 엄청나게 다르다. 도전에 대응하는 가장 좋은 방법은 모의 실험의 도움을 받아 실제로 연습하는 것이다. 모의실험이란 우리가 조종사, 우주비행사, 운동선수의 훈련에서 파악한 것과 같은 어떤 것을 모방하거나 그 특성을 익히는 것이다. 최선의 모의 실험은 자극에 대한 반응을 요구한다. 신체적 반응을 더 많이 더 강하게 요구하면 할수록 결과 역시 더 나아진다. 항공 모의 실험 센터 같은 곳에서는 다양한 유형의 항공기의 완벽한 조종실을 갖추고 있다. 조종사들은 실제로 작동하는 시청각 장비에 둘러싸여서 모의 실험 비행을 하며 모든 종류의 패턴과 비상 상황을 경험한다. 그들은 탑승구에서 택시에서 내려 정해진 도시로 가는 비행기를 조종해 이륙한다. 이륙 후 그들은 실제 여행과 똑같이 모든 장면을 보고 소리도 듣는다. 심지어 비행할 때의 중력감이나 신체에 전달되는 온갖 힘도 느낀다. 단지 땅을 떠나지만 않을 뿐이다.

자신을 미래에 투사해보는 것은 또 다른 가치 있는 모의 실험이다. 당신은 어디에 살고 있으며 하루를 어떻게 시작하는가? 어떻게 여행을 하며 어디로 갈 것이고, 하고 있는 일은 어떤 종류의 일인가? 직책은 무엇이고 수입은 얼마나 되는가? 친구는 누구인가? 가장 만족스러운 순간은 언제이며 순수하게 재미로 하는 일은 무엇인가?

상상력을 발휘해보라. 당신이 자신의 인생에서 진정으로 원하는 것은 무엇인지 물어보라. 더 많은 사랑? 더 큰 재산? 좀더 살이 빠져 매력적이고 건강한 모습이 되는 것? 완전히 새로운 분야에서 일하는 것? 사회에 중요한 기여를 하는 것?

이것을 염두에 두고 자신이 지금 하고 있는 일이 당연히 해야 된다고 느껴지는 일인지를 스스로에게 들어보라. 어쩌면 그것은 당신에게 수입을 제공할지는 모른다. 그러나 그것이 당신으로 하여금 원하는 방향으로 나아가게 하고 있는가? 만약 결정할 수 없다면 당신은 (막연하게가 아니라 하루하루의 자료에 근거해서) 이 책에서 제시하는 몇 가지 측정 방법으로 조사해 보아야 한다. 설령 당신이 적당히 만족한다 해도 스스로에게 그런 질문을 던지는 것은 자신에 대한 자각을 확대해줄 것이다. 그리고 자신이 진정으로 원하는 것, 그리고 그것이 변화를 포함하고 있는지를 알게 되면 당신이 꿈을 실현하기 위해 활동하고 있는지를 물어보라.

예리한 관찰 능력은 개인적 벤치마킹을 위해서 꼭 필요하다. 우리 대부분은 처음 직접 목격한 사건에 대한 설명을 신문에서 읽은 적이 있다. 나는 신문기사가 당신이 직접 본 사건의 핵심을 정확히 전달하지 못했을 것이라고 짐작한다. 이것이 핵심이다. 중요한 토론을 위해서는 간접적인 정보는 어디까지나 간접적인 정보에 불과하다. 어느 누구도 당신의 관찰을 대신할 수 없다.

나는 이용 가능한 최선의 정보에 근거해 당신 자신의 결론을 이끌어내는 것이 왜 꼭 필요한가에 대한 이유를 제시해보려고 한다. 이것을 위해서는 오직 당신만이 최선의 정보 가운데 상당수를 끌어모을 수 있다는 사실을 덧붙여야만 한다. 왜냐하면 어느 누구도 당신의 본능보다 뛰어나게 알 수는 없기 때문이다. 이것은 주변 환경을 수동적으로 받아들이거나 느무시하는 것 보다는 적극적인 관찰자가 되라는 의미다. 만약 공항에서 비행기 출발이 늦어지면 당신은 공항 대기 지역에 자리를 찾은 후 앉아서 읽을거리를 찾느라 서류 가방을 뒤질 수도 있다. 그러나 이것은 다른 승객들의 행동을 관찰하고 그들의 대화를 엿듣고, 심지어 대화에 끼어들 수 있는 절호의 기회이다. 단지 그날 신문의 목차만을 훑어보지 말고 잡지 가판대와 서점을 꼼꼼하게 뒤져보면 당신에게 도움이 될 무엇이 있을 것이다. 다른 사람들은 무엇에 관심을 가지고 있는가? 그것의 가치는 얼마나 되어 보이는가? 기자의 해석에 의지하기보다는 사람들이 진짜로 생각하고 느끼는 것에 대한 당신 자신의 정신적 자료에 근거해 그것을 시작해보라. 특히 완전히 낯선 사람에게 질문을 던질 때는 주도권을 잡아라. 그것은 전혀 터무니없는 일이 아니다.

창조적인 개인의 중요한 특징은 다음과 같다.

- 미래에 대해 낙관적이다.
- 호기심이 많고 관찰력이 뛰어나다.
- 다양한 관심사에 대해 대담하다.
- 자신의 꿈을 미래에 투사할 수 있다.
- 자신의 두뇌를 모두 활용하는(풀어서 말하면 혁신적인 아이디어를 실제적인 해결책으로 연결하는) 독립적인 사고의 소유자이다.
- 현실에 대해 창조적인 불만을 가지고 있다.
- 대안에 대해 개방적이다.

- 나쁜 습관을 인정하고 깨뜨려나간다.
- 새로운 혁신이나 아이디어를 맹목적으로 좋아하지는 않는다. 왜냐하면 그들은 아이디어는 소모할 수 있는 것이며 누군가가 반드시 그것보다 더 나은 것을 생각해낼 것이라는 사실을 받아들이기 때문이다.

위의 특성 가운데 몇 가지가 당신에게 적합한가? 그것을 실제로 활용함으로써 자신이 긍정적인 특성을 가지도록 스스로에게 도전하라. 다음은 개인의 벤치마킹과 관련되는 몇 가지 행동지침이다.

① 나이에 관계 없이 계속 공부하라. 평균적으로 성인은 어린 학생들보다 대학에서 10% 정도 더 공부를 잘 한다. 컴퓨터 디스크, 비디오, 오디오 테이프, 기타 여러 가지 현대적인 장비의 이용은 꼭 강의실에 가지 않아도 된다는 것을 의미한다.

② 책을 읽을 때 항상 사전을 옆에 두고 충분히 이해하지 못한 단어는 모두 찾아 보라. 이렇게 집중적으로 하는 것은 찾은 단어를 영원히 당신의 어휘로 만드는 데 도움이 된다. 철자 확인을 위해 컴퓨터 프로그램에 의존하지 마라.

③ 훌륭한 어휘 공부 입문서를 구하라. 평범한 사람과 뛰어난 어휘 구사자의 차이가 겨우 3,500단어에 불과하다는 사실을 기

억하라.

④ 믿을 만한 기관의 적성검사를 받는 것을 고려해보라. 공공도서 관 또는 대학 도서관에서 확인해보라.

⑤ 일주일에 한 번은 당신과 비슷하거나 높은 직급의 다른 회사, 혹 은 완전히 다른 산업 분야의 사람과 같이 점심식사를 하라. 만약 그런 사람을 만날 수 없다면 편지나 팩스, 전화로 아이디어를 교 환하기 위해 그 쪽이 편한 시간에 짧게 만나기를 원한다고 설명 하라.

⑥ 당신이 가장 존경하거나 흠모하는 사람(당신이 가장 되고 싶어하 는 사람일 필요는 없다)을 모델로 삼아 뒤따르라. 만약 다시 인생 을 시작할 수 있다면 되고 싶은 것이 무엇인지 생각해보라. 그리 고 지금 당신이 최선을 다하고 있는지도 생각해보라. 어떤 실제 적인 행동(오늘, 그리고 내일 이루어지는 실질적인 행동)이 당신으로 하여금 재능을 충분히 발휘할 수 있게 해주는가?

〈4장〉

정직

honesty

정직
honesty

❖

    사람이란 정직하든가 그렇지 않다. 그 중간, 즉 부분적인 정직이란 존재하지 않는다.

    개인적 도덕과 윤리의 기준인 정직은 당신이 자신을 우연히 발견하게 되는 상황과는 관계가 없으며 편법의 발휘를 요구하지도 않는다. 부족하면 점점 더 부족해진다. 그러나 그것이 없다면 리더십은 겉모습에 불과하다.

    자신을 존중하지 않고 스스로에게서 가치를 발견하지 못하는 사람들은 그런 내적인 나침반 없이 자신의 삶을 꾸려나간다. 유감스럽게도 그들의 정신적 가치 체계는 완전히 뒤죽박죽이거나 심지어는 전도되어 있는 경우도 있다. 젊은 세대 사이에서는 자존심에 대한 심각한 혼란이 발견하곤 한다. 그들이 내뱉는 말은 허풍쟁이나 광대, 단지 유명한 사람들(겉으로는 성공한 것처럼 보이지만 실제로는 허세에 불과한 사람들)을 자신들의 역할 모델로 삼고 있음을 보여준다. "그 사람이 진짜 나에게 말을 걸었다는 것을 믿을 수 있겠어?" 가끔 젊은 학생들은 스타에 대해서 이렇게 말하곤 한다. 그것은 그들의 잘못만은 아니다. 우리 사회는 단지 명성을 위한 명성에 지나치게 높은 가치를 부여하고 있다.

겉모습을 통해 봄으로써 배우는 것은 청소년기에서 성인으로 전환기에 있어서 중요한 발전 단계다. 유감스럽게도 대부분의 사람들은 많은 대화와 대중매체, 번쩍거리거나 신기한 겉모습, 비싼 물건 등에 의해 끊임없이 영향을 받는다. 그들은 인생의 대부분의 시간 동안 겉으로 드러난 것이야말로 중요한 것이라고 믿게 되며 따라서 천박한 삶을 살아가도록 운명지워진다. 스스로에게 기분 좋게 느껴지는 얼굴과 겉모습에 의존해 살아가는 사람은 필연적으로 인상을 위해서 어떤 일이라도 할 수밖에 없게 된다. 따라서 자신의 내적인 가치나 개인적 성장을 위해서는 아무 일도 하지 않게 된다. 역설적인 것은 좋은 인상을 주기 위해 지나치게 애를 쓰는 사람들은 때때로 아무 인상도 주지 못한다는 것이다. 이미지에 대한 지나친 헌신은 때때로 그것이 벌어들일 돈에 대한 헌신을 의미한다. 강력한 분위기를 발산하는 것은 불안정을 숨기기 위한 것이다. 그것은 보디가드나 허세가 없는 유명인사를 보면 금방 알 수 있다.

중요한 것은 돈을 버는 성공이라는 신화는 때때로 덧없이 흘러가는 스타와 궁극적인 패배로 이어진다는 것이다. 전성기를 넘긴 수많은 사람들에게 물어보라.

로마 제국 말의 쇠퇴기에는 마당에 진열되어 있는 조각 신상의 숫자가 사회적 신분을 나타낸 적이 있었다. 모든 사업이 그렇듯이 로마의 조각 산업은 번창했고 따라서 질이 나쁜 조각가와 상인들이 나타났다.

제국이 더욱 탐욕스럽고 자기 만족에 빠지게 됨에 따라 질 나쁜 상인들은 할 수 있는 한 최대한 많이 질이 나쁜 상품들을 내놓게 되었다. 조각가들 역시 조각의 흠집과 상처를 감추기 위해 왁스를 사용하는 데 익숙해져서 대부분의 사람들은 질의 차이를 분간해낼 수 없게 되었다. 그러나 그렇게 만들어진 조각들은 햇살이나 휴게실의 열기 아래서는 녹아서 흘러내릴 수밖에 없었다.

유명한 조각가의 믿을 수 있는 좋은 조각을 찾기 위해 사람들은 로마 광장에 있는 예술품 시장에 나가서 시네 세라(sine cera, 왁스 사용 안함)라는 표시가 붙은 상점을 찾아야만 한다. 우리 역시 친구와 상품, 서비스 가운데서 진짜를 찾아야 하는 처지가 되었다. 우리는 사람들에게서 다른 어떤 가치보다도 성실성을 높이 평가한다. 우리는 리더로부터 그것을 기대한다. 우리는 우리 자신에게 그것을 요구해야만 한다.

정신적 가치를 강화하는 정직이야말로 인간의 진정한 이익이다. 모든 상황에서 정직한 삶에 참여하는 것이야말로 당신의 말이 보증서보다 훨씬 더 가치가 있다는 것을 증명하는 것이다. 그것은 당신이 정책적인 수정에 근거해 적절하지 않다는 것을 의미한다. 당신은 유행하는 것이 아니라 옳은 것을 한다. 당신은 진리가 다른 사람을 조종하기 위한 수단이 아니라 절대적인 것이라는 것을 알고 있다. 그럼으로써 당신은 결국 가장 어려운 상황에서도 승리를 거둘 것이다.

당신은 반드시 이익을 고려해야만 한다. 그러나 이익 전에 정직을 고려해 이익을 내야만 한다. 정직과 비슷한 말은 솔직, 믿을 수 있음, 명예, 도덕적 기질 등과 같은 말이다. 이것을 의식과 양심에 심는 것은 궁극적으로 당신을 모든 이들보다 훨씬 더 앞서게 해줌으로써 왜 다른 사람들은 그렇게 하지 않는지에 대해 의문을 품게해줄 것이다. 그리고 이러한 특성이 단지 중요한 결정에만 필요한 것은 아니다. 사소한 일에 있어서의 정직이야말로 모든 일에 있어 전혀 사소하지 않은 중요한 요소이다.

이미 여러 번 이야기한 것처럼 "문제는 사소한 것에 있다." 그리고 "코끼리는 물지 않는다. 무는 것은 벼룩이다." 정직에는 정도가 없다. 당신이 임신을 했거나 안 한 것처럼 정직하거나 하지 않을 뿐이다. 나는 오랫동안 왜 그렇게 많은 사람들이 정직하지 않을 수 있는 합법적인 방법이 있을 때면 범죄에 손을 대는지를 궁금하게 여겨왔다. 당신은 이러저러한 방법으로 몇 가지 문제를 감출 수 있을 것이다. 국세청이 매번 당신을 적발해낼 수는 없을 것이다. 당신의 배우자를 속이는 것은 한동안은 "안전한" 모험일 수 있다. 그러나 어느 날 사소한 잘못이 드러날 것이고 당신은 대가를 치러야 할 것이다.

오늘 우리 사회에서 감소하고 있는 정직을 늘리기 위해 우리가 할 수 있는 일은 무엇인가? 자비심과 마찬가지로 정직 역시 가정에서부터 시작된다. 당신이 자녀들에게 줄 수 있는 가장 큰 선물 가운데 하나는 윤리와 도덕적 가치에 대한 강한 의식이다. 아이들로 하여금 가능한 한 어릴 때부터 자신의 행동에 대한 책임을 지게 하라. 책임감에 대한 의식이 발달하면 할수록 그들은 스스로에 대해 더욱 바람직하게 느낄 것이다.

무엇보다도 책임감을 위해 그들에게 사비와 감사를 가르치고 다른 사람들의 권리와 복지를 어떻게 배려해야 할 것인가를 가르쳐라. 당신의 아이들에게(그리고 당신의 리더십을 기대하는 사업 상의 동료들에게) 삶에 있어서 진정한 보상은 그들 자신이 발휘하는 봉사의 질과 양에 의해 결정된다는 것을 가르쳐라. 그들이 다른 사람들이 그들에게 대하기를 원하는 것처럼 어떻게 다른 사람들을 대할 것인가를 예를 들어 보여주라.

만약 리더십에 대한 단 하나의 계명만을 작성해야 한다면 그것은 다음과 같은 것일 것이다. "당신은 자신의 아이들이나 부하 직원들이 본받을 만큼 가치 있는 그런 방식으로 행동해야 한다." 간단히 말해서 그들이 그렇게 행동해서는 안 된다면 당신 역시 그렇게 행동해서는 안 된다.

예를 들어보자. 만약 아이들에게 방을 깨끗이 치우라고 말한다면 아이들은 차고 안의 연장과 물건들의 상태를 유심히 살펴볼 것이다. 아이들에게 정직이야말로 우리 집안의 가장 중요한 덕목이라고 말하면 아이들은 당신이 차에 설치한 탐지장치에 대해 한마디 할 것이다. 내가 음주와 소란한 파티의 나쁜 점에 대해 이야기하면 아이들은 2층 발코니에서 손님들이 어른들의 방식으로 행동하는 것을 날카롭게 지켜볼 것이다.

정직은 실천하기보다는 말하기가 더 쉽다. 우리는 잠시 동안은 좋은 모범을 보일 것이다. 그러나 스스로에게 잠시 쉴 필요가 있다고 말할 것이다. 그 경우에 문제는 아이들과 직원들이 혼란을 일으킨다는 것이다. 첫째 그들은 우리를 건강한 행위의 모델로 생각하고 있다. 자신들의 리더로부터 건강하지 못한 행위를 보게 되면 그들은 우선 당황하고 상처를 받게 되지만 곧 그것을 받아들이고 습득하게 된다. 그들은 "말은 이렇게 하고 행동은 저렇게 하라"는 식으로 행동하는 법을 배우게 된다. 다음은 진부한 말이자만 맞는 말이다. "당신이 지나치게 크게 말하면 아무도 진심으로 당신이 하는 말을 귀담아 듣지 않는다. 그러나 당신의 말과 행동이 일치한다면 당신의 삶이 강력하게 말하는 것이다." 이것은 진실이다.

윤리적 기준의 습득이 가정에서 시작된다는 것은 비밀이 아니다. 어린아이의 선악에 대한 희미한 감각은 도덕성에 대한 합리적 이성에 도달할 나이 훨씬 이전에 거의 무의식적으로 받아들이게 되는 신호에서 비롯된다. 어쩌면 당신은 인간은 정직하거나 정직하지 않거나 둘 중의 하나이며 정직은 모든 것이거나 아무 것도 아니며 어린 아이들은 그런 중요한 문제에 대해 바보가 아니라는 것을 기억하며 자기 자신에게 다음 세대를 위해 어떤 모델이어야 하는지를 물어보고 있을지도 모른다. 그들은 당신을 본보기로 배운다.

정직의 원칙 가운데 하나는 엄청난 사회적 압력에 맞서 당신의 신념을 방어하는 것이다. 크고 유명한 어떤 병원에서 이루어진 개복수술에 대한 실화를 중심으로 이 문제를 생각해보자. 어떤 간호사가 외과수술 팀에 처음으로 합류했다. 수술을 마치고 상처를 봉합하기 전에 모든 장비와 물품을 확인하는 책임을 지고 있는 간호사는 의사에게 스펀지를 11개만 제거했다고 말했다. 그녀는 "우리는 12개를 사용했고 따라서 마지막 하나를 찾아야만 합니다"라고 보고했다. 그러나 의사는 명확하게 "천만에 나는 모두 제거했어"라고 선언했다. "우리는 지금 상처를 봉합해야 해." "안 됩니다. 우리는 12개를 썼어요"라고 신참 간호사는 주장했다. "걱정하지 마. 내가 책임을 질 테니까." 의사는 냉정하게 말했다. "어서 봉합해." "그렇게 해서는 안 됩니다." 간호사는 얼굴을 붉히고 말했다. "환자를 생각해보세요!" 그러자 의사는 발을 들어 감추어두었던 열두 번째 스펀지를 보여주었다. "당신은 여기서든 다른 병원에서든 잘 해나갈 거야." 그는 미소를 지으며 말했다.

당신이 옳다는 것을 알고 있을 때는 물러서지 마라.

정직의 원칙의 두 번째 열쇠는 다른 사람이 당신보다 더 좋은 아이디어를 가지고 있거나 더 나을지도 모른다는 것을 결코 두려워하지 말며 언제나 다른 사람들에게 적절하게 그들의 것이어야 할 믿음을 주어야 한다는 것이다. 오길비앤마더의 창업자인 데이비드 오길비는 새 사무실의 책임자로 선발된 사람들에게 안에 작은 인형 다섯 개를 품고 있는 알록달록한 러시아 인형 마트리오샤카(matrioshaka)를 보냄으로써 이 점을 분명히 하고 있다. 새로운 책임자에게 보내는 그의 메시지는 가장 작은 인형 안에 들어 있다. "만약 우리가 현재의 우리보다 작은 사람을 고용한다면 우리는 난쟁이 회사가 될 것입니다. 그러나 우리들 각자가 우리보다 큰 사람을 고용한다면 우리는 앞으로 거인의 회사가 될 것입니다." 이것이야말로 오길비앤마더가 세계에서 가장 크고 존경받는 광고회사 중 하나가 된 이유다.

정직의 세 번째 원칙은 현재의 진정한 자신에 대해 정직하고 열린 마음이어야 한다는 것이다. 당신 자신이 되어라. 자신의 성취를 과장하지 말아라. 과거의 실수나 심지어는 당신이 불만족스럽게 느끼거나 불쾌하게 만드는 자신의 개인적 특성을 감추는 함정에 빠지지 마라. 장점과 단점을 개인적 성장을 위한 재료로 이용하라.

우리는 아이들과 직원들에게 자존심과 깨끗한 양심이라는 최고의 가치를 가능한 한 일찍부터 가르쳐야만 한다. 그것은 정직의 강력한 요소들이다.

아래의 것들은 당신이 개인, 사업, 가족 생활에서 보다 정직해질 수 있도록 도와주는 몇 가지 요령들이다.

① 정의와 공평한 태도야말로 정직의 핵심적인 가치다. 언제나 다른 사람을 돕는 태도를 유지하고 당신의 생활에서 다른 사람이 항상 우선하도록 배려하라. 미소는 언제나 미소로 응답받는다.

그리고 설령 그렇지 않다 해도 당신은 걱정하지 않는다.

② 자신에게 높은 윤리적 기준을 설정하고 다른 사람 역시 그렇게 하도록 기대하라. 당신의 단하나의 강력한 수단은 옳은 것에 대한 이야기가 아니라 조용히 그렇게 행동하는 것이다. 규칙을 지킬 것을 역설하지만 실제로는 끊임없이 그것을 어기는 사업가나 부모는 특히 부정적인 영향을 주는 것이다. "내가 하는 대로 따라 하지 말고 내가 말하는 대로 행동하라"는 옛말은 아이들과 부하 직원들에게 심각한 악영향을 미친다.

③ 가장 어려운 때에 최선을 다하라. 개인적 정직성은 계절이나 날씨, 주식 시세, 경제 지표 따위에 영향을 받지 않는다. 당신은 정직하거나 그렇지 않거나일 뿐이다.

④ 테드 잉스트롱(Ted Engstrong)은 『정직(Integrity)』에서 다른 사람이 당신에게 해주기를 원하는 것처럼 다른 사람들에게 함으로써 양심의 북극성에 따라 행동하라고 충고하고 있다. 세계 대부분의 종교들 역시 똑같은 것을 촉구하고 있다. "다른 사람이 당신에게 하기를 원치 않는 일을 다른 사람에게 하지 마라"는 고대 중국철학의 핵심적인 내용이다. 정직이라는 북극성에 따라 행동한다는 것은 안정과 지속성과 단호함을 의미한다. 당신은 원칙과 변화하지 않는 신념 체계에 근거해 결정을 내릴 수 있다.

⑤ 문화와 관습의 다양성을 존중하라. 신속한 교통수단, 상호작용

을 하는 매체, 가상현실, 세계적인 의사소통 네트워크 등은 우리가 다른 인간과 조화를 이루고 사는 법을 배워야만 한다는 것을 의미한다. 사전에 따르면 정직은 완전성을 의미한다. 그것은 상호 수용을 뜻한다다. 고립된 섬으로 남는 헛된 시도를 하지 마라. 외국인을 환영하라. 다른 문화, 언어, 그들의 관점을 배우기 위해 노력하라.

⑥ 정직에 관한 글과 책을 읽고 자기계발과 사업계획에 관한 테이프를 들음으로써 당신의 차를 바퀴 달린 대학으로 만들라. 기꺼이 당신의 생각을 신장하라. 상당한 액수의 돈이 든 지갑을 발견하면 어떻게 할 것인가? 어른들은 때때로 더욱 심각한 문제에 직면할 때가 있다. 타협하지 않고 어떤 상황도 견뎌낼 수 있는 강하고 확실한 믿음을 가지고 있는지 스스로에게 물어보라.

<5장>

마음의
보석상자

mine diamonds

마음의
보석상자
mine diamonds

❖

자존심은 오늘날 지나치게 강조되거나 잘못 이해되는 말 중 하나다. 자존심은 한 세기 전에 윌리엄 제임스라는 심리학자가 명명한 단어이다. 자존심이 다른 사람과 비교를 통해서만 생겨날 수 있는 것이라고 확신한 제임스는 그것을 사람들이 자신이 동료나 이웃보다 낮다고 결론을 내릴 때 향유하는 가치의 느낌이라고 기술했다. 만약 주변의 누군가가 어떤 것에 있어서 당신보다 재능이 뛰어나다면 당신의 자존심은 낮아질 수밖에 없다. 오늘날 우리는 비교라는 것이 적절하지 못한 걱정과 두려움을 가져온다는 것을 이해하고 있다.

1960년대 이전까지만 해도 자존심은 별로 논의 대상이 되지 않았다. 심리학 책은 지그문트 프로이트와 알프레드 아들러의 몇몇 관찰을 제외하고는 그것에 대해 불충분한 정보만을 제공했다. 프로이트는 "자존심(self-regard)"에 대해 쓰고 있으며 그것에 대한 낮은 평가는 "나는 아무것도 할 수 없어"라는 무력감으로 이어진다고 기록하고 있다. 아들러는 아이들은 손위의 형제나 어른을 포함해 모든 나이 많은 사람에 비해 자신이 가치가 없다는 느낌으로 인생을 시작한다고 주장한다.

1980년대 후반에 이르러서 자존심은 토크쇼, 잡지의 기사, 현학적으로 보이는 대화의 인기 있는 주제가 되었다. "내 자존심이 망가졌어" 또는 "어떻게 그가 당신을 그렇게 대하도록 놔둘 수 있어? 당신의 자존심은 어디로 간 거야?"와 같은 말을 쉽게 들을 수 있게 되었다.

자존심이 약한 사람들은 대부분 고통을 피하거나 도피하려는 경향이 있다. 그들은 자신이 성공할 가치가 없다고 생각한다. 그들은 자신들의 삶은 언제나 불행할 것이라고 믿고 있다. 그들은 부정적인 느낌에서 벗어나기 위해 마약이나 알코올, 범죄(물론 문제를 더욱 악화시킬 뿐이지만)에 빠져드는 부류의 사람이 되기도 한다.

우리는 모두 가질 수 있는 한 최대한의 잠재력을 가지고 태어나지만 어린 시절이 전기 믹서처럼 자존심과 자기의 중요성에 대한 느낌을 뽑아내 버릴 수도 있다. 대부분의 심리학자들은 부모들이 아기의 모습 그대로 보고 반응하고 받아들이는 식으로 적절하게 반응하고 그것을 아기에게 되돌려주지 못할 경우 위와 같은 박탈감이 유아기에서부터 시작된다고 말한다. 아주 어린 아이들조차 그들의 욕구가 지나치고 부담스러우며 충분한 주의를 기울일 가치가 없다고 느낄 수 있도록 만들 수 있으며 따라서 긍정, 부정, 또는 기대를 덜하도록 요구함으로써 반응을 보이게 할 수 있다. 비교는 평등의 일부에 불과하며 자존심의 손상은 아이들이 부모나 친구, 선생님들이 그들을 다른 사람과 비교하는 소리를 듣기 시작하면 곧 시작된다. 일단 시작되면 자존심의 부식은 고등학교에 이를 때까지 더욱 가속된다. 어떤 학생들은 욕설이나 거친 말로 자신을

(동료 학생들과 마찬가지로) 얼마나 하찮게 생각하는지를 토론한다. 냉정한 태도를 보이거나 경멸하는 태도를 과시하는 것은 대체로 자신의 허약한 이미지를 감추기 위한 시도다.

신체 언어

자신에 대한 느낌을 측정하는 가장 쉬운 방법은 스스로 육체를 어떻게 취급하는가를 살펴보는 것이다. 그것이 당신의 라이프 스타일과는 맞는가? 나는 혹시 내 몸을 마치 두 번째 차, 즉 단지 이동에만 필요한 약간 낡고 덜컹거리는 차로 바라보고 있지는 않은가. 연료로는 콩과 프렌치 프라이, 콜라, 기타 여러가지 좋지 못한 음식을 사용한다. 부품을 가장 좋은 제품으로 교환해야겠다고 생각해본 적도 없다. 현상유지만이 문제인데 철저한 검사로 귀찮게 할 필요가 있는가, 하고 말이다.

모든 긍정적인 동기는 자존심에 있다. 다른 기술과 마찬가지로 자존심의 발달도 훈련을 해야 한다. 다른 훈련 양식과 마찬가지로 자존심 훈련 역시 조심스럽게 짜야 한다. 자존심을 다리가 네 개 달린 의자라고 생각해 보자. 지금 당신이 의자에 앉아 거울을 보고 있다고 상상해 보라. 당신은 자신이 보고 있는 사람을 존경하는가? 당신은 정말 그렇게 되고 싶은가? 당신은 자신이 개인적으로, 그리고 직업적으로 하기를 원하는 것을 하는 사람인가? 당신은 가고 싶은 곳으로 가는 사람인가? 당신은 자신의 삶에 책임을 지는가?

이러한 질문에 대체로 주저하지 않고 "예"라고 대답한다면 당신의 자존심은 상당히 좋은 상태일 것이다. 부정적인 대답은 다음의 내용에 특히 주의를 기울여야 한다는 것을 말해 준다.

소속감

상상의 의자로 돌아가자. 자존심의 첫 번째 다리는 소속감이다. 우리 모두는 우리 자신보다 큰 어떤 것의 일부라고 느끼는 뿌리 깊은 욕구를 가지고 있다. 심리학들이 '기원 충동'이라고 부르는 이러한 욕구는 사람과 장소, 소유물을 감싸안는다. 소속에 대한 우리의 본능(친밀한 사람들에 의한 갈망, 수용, 사랑)은 놀라울 정도로 강하다.

개별적 정체감

소속감을 보완하는 두번째 다리는 개별적 정체감이다. 어떤 인간도 다른 사람과 똑같지 않다. 일란성 쌍둥이조차 똑같지 않다. 우리 모두는 결코 같은 그릇 안에 존재한 적도 또 앞으로도 존재하지 않을 재능과 기질의 독특한 조합이다. 리더는 특히 자신이 누구인지 알고, 믿는 것에 대해 신념을 가지며 잠재적인 능력과 마찬가지로 현재의 삶에 대해 존경을 느끼는 뛰어난 사람들이다.

가치

자존심의 세 번째 다리는 가치에 대한 느낌, 즉 나는 현재의 나, 다시 말해서 나에 대한 일반적인 정보와 배경, 육체, 독특한 생각을 가진 존재인 것이 기쁘다는 느낌이다. 설령 다른 사람이 당신으로 하여금 소속감을 느끼게 하거나 칭찬을 한다 해도 당신이 자신의 가치를 훼손시킨다면 의미를 느낄 수 없을 것이다(이것은 개인에게만 국한된 것은 아니다. 거의 모든 기업의 근본적인 사명 가운데 하나는 질과 우수성의 향상을 통한 가치의 신장이다).

스스로를 인정할 수 없다면 우리는 제공할 것이 거의 없다. 우리가 사랑할 만한 가치를 느끼지 못한다면 다른 사람이 우리를 사랑할 것이라고는 거의 믿을 수 없다. 대신 우리는 다른 사람들을 평가자나 판단자로 보는 경향이 있다. 자존심이 부족해서 사랑받을 자격이 없다고 느끼는 사람들은 그들을 사랑하는 사람에게 쉽게 상처를 준다. 불안정은 때때로 사소한 일을 소중한 관계를 해치는 비극으로 만드는 질투, 지나친 소유욕, 강압을 불러일으킨다.

　　자존심의 이러한 세 가지 특성(모든 리더가 공유하는 소속감, 정체성, 가치)은 우리를 또하나의 명제로 이끈다. 당신은 성취를 가치의 측정 수단이 아니라 그것의 반영으로 이해해야 한다는 것이다. 다행히 당신에게 책임, 정직, 적극성, 용기, 신념, 자기 통제력, 그리고 무엇보다도 사랑을 가르쳐주었던 부모가 있었다면 자주 감사해야 한다는 것을 기억하라. 우리 가운데 상당수는 그런 행운을 맛보지 못했다. 그러나 우리는 자신에게 적절한 질문을 던짐으로서 스스로의 가치를 구축할 수 있다. 당신에게는 자신의 라이프 스타일의 장식이 내적인 가치보다 더 중요한가? 자신에게 진실한 것보다 좋은 인상을 주는 것이 더욱 중요한가? 끊임없이 자신의 가치를 외적인 성공으로 증명해야만 한다고 느끼는가? 칭찬을 받거나 이기적인 욕구에 유혹을 받을 때 죄의식을 느끼는가?

　　소속감, 정체성, 가치의 느낌은 때때로 물질적인 것과 같은 외적인 동기유발과는 반대되는 본질적이고 핵심적인 가치에만 자리 잡을 수 있다. 그것이 없다면 우리는 자존심의 틈새를 채우기 위해 끊임없이 다른 사람에게 의지하게 된다. 그러면서도 다른 사람의 숨은 동기를 의심하게 된다. 가치가 있음에도 불구하고 다른 사람의 의견을 받아들이거나 거절할 수 없다면 우리는 비판에 대해 방어적이 되고 칭찬에 대해 편집광적이 된다. 그리고 아무리 많은 칭찬으로도 잃어버린 특질을 대체할 수는 없다.

건강한 소속감, 정체성, 가치는 꿈을 믿는 데도 필수적이다. 그것은 특히 어려울 때, 당신이 오직 꿈만을 가지고 그것에 매달려야 할 때는 특히 필수적이다.

통제와 유능성

자신감은 본질적으로 자신의 개인적 능력에 대한 믿음이다. 다른 사람을 통제하거나 지배하는 권력이 아니라 자신에게 힘을 부여하는 풍부하고 창조적인 감각이라는 힘에 대한 믿음이다. 당신이 시작한 일을 성공적으로 할 수 있는 것. 적절한 자신감을 가지고 마음과 몸은 함께 목표를 향해 여행을 떠난다. 발명가, 예술가, 경영자, 선생, 부모, 무엇이든.

이론적으로는 일단 목표가 달성되면 그것은 더 이상 같은 목적으로 작용하지 않는다. 새로운 사업을 시작하기 위해 기꺼이 자본을 대려는 투자자를 찾은 발명가는 더 이상 모험 자본을 찾지 않는다. 그러나 자신감은 예외다. 당신으로 하여금 목표를 추구하도록 힘을 주고는 당신이 최초의 목표를 달성한 후에도 계속 당신의 동기를 유발한다.

이것이 왜 사람들에게 작은 과제에 대한 책임을 할당하는 것이 중요한지의 이유다. 성공을 경험할수록 그들의 자신감도 더욱 강해진다. 그리고 그들이 감당하려는 책임감도 더욱 커진다. 점차 경쟁이 치열해지는 세계 시장에서 각자는 스스로를 팀의 리더라고 믿어야만 한다. 즉 질적으로 우수한 생산과 서비스를 표현하는 "우수한 개인"이라고 믿어야만 한다. 보다 적은 사람으로 보다 많은 일을 처리하고 이익을 내야만 하는 압력이 커짐에 따라 자신이 가진 자질의 가치를 향상시키는 것이 결정적으로 중요해졌다.

샘 딥(Sam Deep)의 『멋진 변화(Smart Move)』(1990)는 팀 구성원의 자신감을 향상시키기 위한 10단계를 제시한다.

① 각자의 성과를 기록함으로써 그들이 존재하지 않는 척할 수 없게 하라. 팀의 구성원들로 하여금 자신들의 성과는물론 성공을 위한 그들의 잠재적인 능력을 절대로 망각하지 못하도록 하라.
② 어려울 때 어떻게 기회를 발견하는가를 보여주라. 모든 결과는 설령 그것이 아무리 부정적이라 해도 전에 활용하지 않았던 선택을 반영한다.
③ 재능을 과시할 수 있는 과제를 할당하라. 중요한 책임을 팀원들에게 넘겨줌으로써 그들에 대한 신뢰를 보여주고 그들로 하여금 점차 도전적인 과업을 성공적으로 처리할 수 있는 기회를 주어라.

④ 다른 사람에게서 필요한 것을 어떻게 얻어낼 수 있는가를 가르쳐라. 지나치게 호전적이거나 수동적이기보다는 단호해지도록 가르쳐라.

⑤ 귀 기울여 듣는 힘의 놀라움을 보여주어라. 그것이야말로 개인적 성공을 위한 적극적 전략이다. 당신의 직원들이 보다 훌륭한 청취자가 되고 성과를 거두게 되면 그들은 자신에 대해 보다 큰 만족을 느낄 것이다.

⑥ 스폰지보다는 체가 되는 것이 나은 점을 가르쳐라. 스폰지는 할 수 있는 한 최대로 물을 흡수하지만 짜면 사방으로 물을 뿜어댄다. 그러나 체는 물을 완전히 통과시킨다. "체 같은 사람"은 스폰지 같은 사람보다 어려울 때 덜 흔들린다.

⑦ 당신이 그들에게 기대하는 바를 정확하게 말하고 그들이 당신에게 기대하는 바를 정확하게 파악하라. 직원들이 관리자를 만족시키지 못하는 이유는 대부분 관리자가 기대하는 것이 무엇인지 모르기 때문이다.

⑧ 업무 성과를 비판하지 사람을 비판하지 마라. 비판의 정신은 "나는 당신이 이번에 처리한 일이 마음에 들지 않는다. 그러나 당신은 좋아한다"는 것이어야 한다.

⑨ 사람뿐만이 아니라 업무 성과도 칭찬하라. 당신은 단지 그들이 행복하기만을 원해서는 안 된다. 그들이 적절하게 일을 처리하

는 법을 배움으로써 그것을 반복할 수 있기를 원해야 한다.

⑩ 항상 훈련 프로그램에 참여하도록 만들라. 이것은 그들에게 자신감을 주고, 잘 선택된 훈련은 효율성에 도움이 되며 궁극적으로는 자신감에 상당한 도움이 된다.

다음은 당신과 당신 삶의 중요한 다른 사람들의 자신감을 신장하기 위한 몇 가지 행동 비결이다.

① 자신의 겉모습을 파악하라. 당신은 어떤 집단에서든 가장 멋지게 보일 필요는 없다. 그러나 최선을 다해 멋지게 보여라. 청결함은 당신이 자신을 돌본다는 것을 말해 준다. 삶의 질을 떨어뜨리는 습관을 극복하게 해주는 믿을 만한 프로그램을 운영하는 집단에 참여하라.

② 육체적 언어 능력을 향상시켜라. 쉴 때도 몸을 곧게 펴라. 당당하되 거만해 보이지 않게 걸어라. 다른 사람과 대화를 나눌 때 턱과 얼굴은 부드러워야 하며 눈은 빛나며 상대의 눈을 정면으로 바라보아야 한다. 발음은 명료하고 목소리는 자신감과 열의를 발산해야 한다. 어떤 사람을 만나게 되면 항상 손을 내밀고 먼저 이름을 말하라. 그리고 전화로 이야기할 때에도 먼저 자신의 이름을 이야기 하라. 눈과 목소리와 얼굴, 온 몸에 미소를 띠

어라. 모든 말에 있어서 미소는 그 안에 거주하는 사람을 비춰주는 창가의 불빛이다.

③ 컴퓨터로든 아니면 종이에 작성하든 하루의 계획을 작성할 때 당신이 얻기를 원하는 성공에 필요한 자질을 정의하거나 써보라. 친지나 가족들도 그렇게 하도록 도와라. 당신은 한 달에 한 가지 자질에 초점을 맞추어라. 새로운 습관 한 가지를 형성하는 데 한 달이 걸리면 그것을 1년간 연습하면 영원한 습관이 될 것이다.

④ 감사 목록을 만들라. 종이의 맨 위에 "나는 다음과 같은 것에 감사한다"라고 쓰고 사람, 사물, 기타의 세 가지 항목을 만들어라. 당신이 감사하는 모든 사람과 사물의 명단을 작성하라. 기타 항목에는 우리가 당연한 것으로 받아들이는 것들, 예를 들어 자유, 건강, 기회 등과 같은 것들을 써넣어라. 당신의 목록을 하루에 두 번씩 일주일 동안 읽어라. 그리고 그것을 친지나 가족과 토론하라. 주의할 만큼 실망스러울 때면 당신의 감사와 축복의 목록을 다시 보라. 직원들에게 그들이 끊임없이 가지기를 원하는 것보다는 지금 그들이 가지고 있는 것을 좋아하도록 가르쳐라.

⑤ 당신의 힘과 재능을 강조하라. 직업적, 개인적 이정표와 성취(어려운 시절이 닥쳤을 때 그것을 극복할 수 있는 긍정적인 기억들)을 비디오로 기록하라. 또 가족 가운데 나이 든 분과 회사의 윗사람을 그 분들의 경험과 전문성과 연관시켜 비디오로 기록해 두어라.

초보자와 젊은 세대에게는 그들 이전에 있었던 사람들이 경험을 통해 얻은 지혜보다 중요한 것은 없다. 관심의 대상이 될 만한 헌신적인 노동자를 특별히 기록하는 것보다 더욱 중요한 일은 없다.

⑥ 자신의 무조건적인 수용과 현재의 성취와는 관계없는 중요한 사람과 의견을 나누도록 하라. 친지나 자녀의 특정한 행동을 비판할 때는 반드시 당시의 사랑을 확인하도록 하라. 자아 수용의 핵심은 자신감을 정의하려는 외적인 필요에 대항하는 강력한 방어 수단이다.

⑦ 편안한 마음으로 비판과 사랑의 표현을 하고 받아들여라. 호의를 받아들일 수 있는 능력은 건강한 자존심의 표상이다.

⑧ 열린 마음으로 비판을 받아들이고 편안한 태도로 당신의 실수를 인정하라. 당신의 자존심은 언제나 옳거나 완벽한 이미지에 얽매여 있지 않다.

⑨ 도전과 변화를 감당할 수 있는 당신의 능력을 신뢰함으로써 삶의 아이러니와 유머러스한 측면을 즐겨라. 당신의 반응에 융통성을 부여함으로써 창의성과 혁신에 열성적으로 참여하라.

⑩ 집과 사무실에서 하루의 시작과 끝의 15분을 가장 중요한 것으로 만들라. 하루를 적극적으로 시작하는 것을 단순히 양치질을 하는 것 이상의 습관으로 만들어라. 새로운 것을 기대하며 일어

나라. 당신의 파트너나 배우자와 사랑과 격려가 담긴 생각을 전하며 하루를 시작하라. 밝고 환한 모습으로 출근하라. 공장이나 사무실의 모든 사람들과 조간신문의 불쾌한 기사 대신 예상되는 즐거운 기대를 나누어라.

시작과 마찬가지로 집과 사무실에서의 마지막 15분을 당신이 다른 사람들에게 얼마나 많은 관심을 가지고 있는지를 알리는 데 써라. 사랑의 확인과 낙관적인 한두 문장으로 끝내라. 사무실을 떠나기 전에 당신에게 만족을 주고 그렇게 살아가게 하는 직장의 환경에 대해 잠시 생각하라. 집에서 잠자리에 들기 전에도 같은 일을 하라. 이것은 가족들의 열망을 고취시키는 데 영향을 준다. 그것은 당신의 삶을 변화시킬 것이다.

<⟨6장⟩

이상

Idea

이상
Idea

❖

진정한 이상은 내적인 비전으로, 그것은 과거의 경험을 긍정적으로 전환시켜 바람직한 미래로 꿈꿀 수 있는 능력이다. 이러한 일을 할 수 있는 사람은 리더가 될 수 있으며, 그런 사람들 중 많은 이들은 엄청난 부자가 되었다. 모든 관계를 배움의 기회로 저장하고 이상이 과거의 실패에서 비롯된 부정적인 분위기에 젖지 않도록 애씀으로서 그들은 자신들의 사명이 무엇인지를 분명하게 이해할 수 있고 그것을 생생하게 그릴 수 있게 된다. 이러한 영감과 실수를 통해 얻게 된 지혜와 미래에 대한 통찰력의 조화(과거의 실패를 극복하고 해오던 일을 더욱 열심히 하며 앞에 놓인 과제를 이해하는 능력)은 이상보다 비슷한 사명을 공유하고 있는 추종자들을 끌어모으게 된다.

리더십의 3차원적 이상은 다음과 같다.

① 실패를 반복되어서는 안 되는 경험 학습으로 이해한다.
② 과거의 성공을 새로운 실패를 무릅쓸 자신감을 키우는 데 쓴다.
③ 알지 못하지만 미래의 성공을 생생하게 상상한다.

백문이 불여일견

상상력은 쉽게 터득된다. 디스틴 호프만이나 메릴 스트립 같은 뛰어난 배우들은 과거의 경험에서 적절한 이미지와 감정을 불러일으키는 적절한 장면을 떠올리는 훈련에 주로 의지하는 연기 방법을 공부했다. 이러한 훈련은 배우로 하여금 현재의 역을 해석하는 것을 도와준다. 예를 들어 그 또는 그녀가 약물에 저항해야만 하는 장면을 연기해야만 한다면 그들은 과거의 약물남용 경험이나 자신의 인생에서 그와 비슷한 어떤 것을 기억해냄으로써 성격과 분위기를 더욱 심도있게 만든다. 정신은 마치 그런 일이 일어난 것처럼 경험을 살려낼 수 있기 때문에 그것은 아직까지 일어나지 않은 경험을 "미리 살아보게" 할 수 있다. 이것은 목표 설정에 있어서의 비밀이다. 상상이 강력할수록 미래에 대한 계획도 더욱 현실적이다. 당신이 "보는" 사람이 당신이 될 사람이다.

가상현실은 컴퓨터가 창조해낸 환경으로 그 환경 내에서는 인간의 반응에 해당하는 감각이 설치되어 있다. 모의 환경의 주어진 빛과 소리와 촉감에의 돌입은 참가자로 하여금 가상 현실에 들어가는 것을 촉진한다.

우리는 가상현실을 첨단 기술로 만든 비디오 게임으로만 생각하지만 그것은 새로운 오락 이상의 것이다. 그것은 실제의 전쟁터나 우주 환경과 똑같은 환경에 병사나 우주인을 집어넣음으로써 전투 임무나 우주

탐사를 모의 실험하는 데 이용된다.

가상현실의 가장 놀라운 적용 사례 가운데 하나는 외과 수술이다. 가상헬자를 놓고 의사는 섬세한 수술을 집도하는 정확한 느낌과 감각을 얻을 수 있다. 이것은 과거의 훈련 과정(수술실 위에 있는 관람석에서 수술 과정을 관찰하거나 평면적인 비디오를 시청하는 식의)을 쓸모없는 것으로 만들어버렸다. 세계적인 정보망을 통한 마이크로보틱스와 가상현실의 전송은 곧 외과의사들로 하여금 먼 거리에 떨어져 있는 진짜 환자의 수술을 가능하게 해줄 것이다. 환자를 공수하는 대신 인공위성이나 케이블을 통해 전 세계 어디에 있는 외과의사의 지식과 기술을 전기적으로 전송하는 것이 가능해질 것이다.

일상생활에 적용할 경우 도쿄에 있는 부부가 가상현실로 자신들이 꿈꾸던 집을 디자인하는 것을 보는 것이 어려운 일이 아닐 것이다. 남편과 아내는 자신들이 선택한 가구들이 설치된 모의 부엌을 둘러볼 수 있다. 그들은 공간이 충분하면 접시를 치워버릴 수도 있으며 수도꼭지를 틀어 물 흐르는 소리를 들을 수도 있다. 각 방은 미리 디자인할 수 있으며 심지어 조명장치와 옷장 안의 옷 위치를 바꾸어 놓을 수도 있다. 각자의 상상력이 바로 건축이 되는 것이다.

만약 당신이 마음속에 집을 디자인했다면 마찬가지로 똑같은 일을 할 수 있다. 가상현실의 함축된 의미는 망치와 톱 이상으로 복잡해질 경우 컴퓨터만이 유일한 도구라는 것이다. 가상현실의 한 형식은 언제나 우리의 미래를 디자인하는 데에도 유용하다. 그 경우 소프트웨어는 부팅을 기다리는 당신의 이상이다. 우리는 눈보다 마음으로 더 많은 것을 볼 수 있다.

리더란 남들이 의심할 때도 자신의 꿈에 충실해야만 한다. 가장 통찰력이 뛰어난 사람들조차 때때로 이상이 현재의 상황에 대한 엄청난 도전을 의미할 때는 그것에 눈을 감을 수 있다. 심지어는 마크 트웨인처럼 위대한 인물도 훌륭한 이상과 그렇지 않은 것을 구분하는 데 어려움을 겪었다. 뛰어난 지성에도 불구하고 그는 여러 가지 의심스럽고 불확실한 사업계획에 빠져들어 상당한 돈을 날려버린곤 했다.

어느날 오후 마크 트웨인은 투자자를 찾는 어떤 남자의 방문을 받았다. 그는 이상하게 생긴 발명품을 안고 찾아왔다. 그는 트웨인에게 열성적이고 확신에 찬 어조로 자신의 발명품에 대해 설명했다. 그러나 작가는 예절 바르게 그 설명에 귀를 기울였지만 결국 그의 요청을 거절했다. 왜냐하면 그는 너무 많이 실패했었기 때문이다.

"그러나 저는 막연한 행운에 투자를 해달라는 것이 아닙니다." 그 방문객은 호소했다. "당신은 500달러에 대해 원하는 만큼 지분을 가지실 수 있습니다." 그러나 마크 트웨인은 고개를 흔들었다. 그는 자신이 전혀 이해할 수 없는 발명품에 투자를 하는 위험이 내키지 않았다. 마침내 그 발명가가 자신의 발명품을 들고 떠나려 하자 작가는 그에게 물었다. "실례지만 이름이 어떻게 되십니까?" "알렉산더 벨입니다." 그 남자는 실망에 찬 목소리로 대답했다.

조직은 현재의 상황과 그들이 지향하는 것, 그들이 이루기를 원하는 것, 그리고 그것을 어떻게 달성할 것인가에 대한 이상을 가지고 있어야만 한다. 만약 그 이상이 강한 흥미를 주고 또 서로 충분히 의견을 나눈 것이라면 사람들은 그것을 현실화하기 위한 동기유발이 이루어질 것이다. 조직과 개인의 목표는 시간이 지날수록 그것의 완전한 실현을 위해 서로 이익이 되게 이루어질 것이다.

만약 어떤 이상이 조직에게는 지나치게 크다면 그 이상을 수용하기 위해서는 조직이 커져야만 한다. 만약 이상이 개인이 달성하기에는 지나치게 크다면 그것은 각자가 달성할 수 있도록 분할되고 확대되어야 한다. 어떤 이상들은 비현실적인 경우도 있지만 대부분의 경우는 탄력성이 없는 조직의 구조나 스스로 만든 개인적 장애물들이 그것의 실현을 방해한다.

어떤 조직의 구조는 이제는 적절하지 않은 목표 위에 세워진다. 이러한 구조(시대에 뒤떨어진 목표와 방법으로 자신들의 경력을 이루어온 사람들에 의해 만들어진)는 때때로 변화에 대한 엄청난 저항을 불러일으키는 존재이며 특성을 가지고 있다. 이러한 조직구조는 끊임없이 현상유지에 대한 집착을 강화하며 모험을 억압한다.

따라서 본말이 전도되게 구조가 목표를 결정한다. 이러한 조직이 목표를 조정하거나 시장 상황에 적응하지 못할 경우 성공에의 전망은 설령 생존은 가능하다 해도 좋지 않을 수밖에 없다.

건설적인 꿈을 가진 리더의 분명한 특징 중 하나는 다른 사람의 의견의 장점을 이해하는 능력이다. 다양한 의견은 개인적 공격이 아니라 이상에 통합될 수 있는 정보로 받아들여져야 한다. 다른 관점에 대한 진지한 고려는 건강한 조직에 꼭 필요하다. 그것은 스스로를 같은 목표를 가진 선수와 관리자라는 확대된 팀으로 생각하며 그런 조직의 리더는 모든 사람과 같이 경기를 할 수 있다. 전략적 결정에 기여하는 것을 고무하도록 모든 경기자는 성장과 발전에 참여할 수 있는 기회는 물론 보상도 공유한다. 가장 중요한 것은 그들이 자신의 팀의 가장 중요한 자산이라는 것을 알고 있다는 점이다.

보다 큰 사명을 계획하고 그것을 달성할 수 있도록 동기유발을 도와주는 10단계는 다음과 같다.

① 야심적이고 고무적이며 확신에 찬 이상이 당신의 노력을 이끌어가도록 하라.

② 당신의 이상과 그것의 근거인 꿈과 동기, 이유를 직원들과 공유하라. 그들로 하여금 전략 수립에 참여하게 하고 보다 큰 사명을 지원하는 말을 하도록 고무함으로써 이상을 만들어내는 데 참여하게 하라. 당신의 이상을 가능한 한 생생하게 전달함으로써 노동자들이 그것을 보고 느끼고 만질 수 있도록 하라. 사람들

에게 그들이 해야 할 일에 대해 말하지 말고 당신이 필요로 하는 일이 무엇인지에 대해 말하라. 그들로 하여금 어떻게 그러한 필요애 부응할 것인지를 결정할 수 있도록 도와주며 동시에 그것을 당신의 이상을 달성하는 데 이용하도록 하라.

③ 직원 각자가 이상의 성취에 도움이 되는 예상을 하도록 하라. 각자를 위해 특별한 목록을 작성하라.

④ 이상을 달성할 수 있는 사람을 고용하라(어쩌면 경영자의 가장 큰 약점은 보다 큰 이상을 공유할 수 없는 사람, 그 일부가 되기를 예상하지 않는 사람을 고용하는 것일 것이다).

⑤ 당신의 이상을 보다 일찍 분명하게 그리고 자주 알게 하라. 누군가를 고용하기 전에 그로 하여금 거기에 대해 글로 써서 제출하게 하라.

⑥ 당신이 노동자들에게 원하는 것을 얻는 것에 대해 협상하라. 어떻게 하면 그들이 예상 목표의 달성을 원하도록 고무할 수 있는지를 스스로에게 물어보라.

⑦ 권한을 위임함으로써 팀원들이 정상에 도달할 수 있게 고무하라.

⑧ 무조건 그들의 말을 귀기울여 들어라.

⑨ 그들이 당신에게 주기를 기대하는 열성, 창의성, 참여, 에너지, 충성심, 독립심, 정직, 투철함, 주의력, 유능함을 그들에게 먼저

주라.

⑩ 그들이 당신의 기대에 얼마나 부응하고 있는지에 대해 끊임없이 피드백을 주고 받아라.

대부분의 성공한 기업, 연구소, 조직은 나름대로의 '사명 진술'을 가지고 있다. 그러나 대부분의 사람은 그렇지 않다. 당신은 지식의 시대에 자신의 인생의 최고경영자로서 이상에 칼날 같은 초점을 맞추어야 한다. 당신은 단지 갖기를 원하는 것이 아니라 원하는 삶을 묘사해주는 사명과 사명 진술을 가질 필요가 있다. 그것은 남들이 봐주기를 원하는 어떤 직함이 아니라 당신이 되고 싶은 사람을 규정하는 것이며 당신이 벌어들이고 싶은 수입이나 승진 또는 궁극적인 직업을 묘사하는 것이 아니라 당신이 알기를 원하는 지식을 기술한 것이다.

반복되는 관찰, 모방, 상상, 말이 우리 삶에 미치는 구체적 영향을 인식하는 것은 매우 중요하다. 우리의 가치 체계는 대부분 일상적으로 주어지는 정보에 대한 의식적인 자각 없이 형성된다. 대부분의 일상적인 정보는 "특별히 해롭지도 않고 또 거의 의식하지도 않은 채" 흘러들어온다. 따라서 우리는 많은 경우 자신의 결정의 근거를 이해할 수 없다. 그리고는 나중에 그러한 결정이 잘못된 것이었다는 것이 입증된 다음에야 비로소 놀라게 된다.

만약 우리가 정신적으로 우리의 마음을 리시버 대신 카메라로, 관객 대신 감독으로 바꿀 수 있다면 어떻게 될까? 만약 우리가 자신의 프로그램을 위해 원고를 쓰고 캐스팅을 하고 연습을 한 다음 방송을 한다면, 앞으로의 방송을 위해 시디롬을 제작한다면 어떻게 될까? 우리 가운데 어떤 이들(꿈을 실현한 사람들)은 매일 실제로 그렇게 한다. 다음과 같은 어린 시절의 꿈에 대해 생각해보자.

목공 작업과 바이올린 음악에 대한 그의 사랑은 어린 시절부터 시작되었다. *(안토니오 스트라디바리)*

영국에서 어린 시절 그는 가족들을 즐겁게 해주기 위해 인형극을 준비하느라 몇 시간씩 마분지로 무대를 만들곤 했다. *(앤드류 로이드 웨버)*

열네 살 때 여름 방학을 이용해 수도 워싱턴을 방문한 다음 그녀는 법률 제정이라는 직업에 매료되었다. *(산드라 데이 오코너)*

젊을 때 농구 팀에서 쫓겨난 후 그는 이직도 경기하는 꿈을 꾼다. *(마이클 조던)*

대학의 낙제는 정보에 대한 접근이라는 아이디어를 불러일으켰다. *(빌 게이츠)*

어린 시절부터 우리는 역할 모델, 조언자, 지도자 등에 노출되어 있다. 우리는 그들을 지켜보고 그들의 말에 귀를 기울이면서 그들의 신념과 행동 패턴 가운데 일부를 우리 것으로 받아들인다. 그리고 그것을 우리 자신의 것으로 한 다음 마침내 우리가 가장 많은 영향을 받은 사람의 모습이 된다.

이제 우리는 스스로에게 다음과 같이 물어야 한다.

① 내가 진정으로 꿈꾸는 미래의 모습은 어떤 것인가?
② 그것은 나의 이상인가 아니면 다른 사람의 이상인가?
③ 만약 그것이 다른 사람의 사명이라면 나는 그것을 공유해야 하는가?
④ 정신적 충일성과 겉으로 드러나는 우수함을 지닌 삶을 살아가는 최고의 리 자리에 있는 자신의 모습을 상상할 수 있는가?

인생은 연습이나 가상현실이 아니다. 당신이 연습하는 것은 당신이 만들어낼 것이다. 당신이 말하는 것은 당신이 원하는 것이다. 당신이 말한 것이 미래를 결정할 것이다. 당신이 꿈꾸는 것은 현실이 될 것이다.

다음은 당신의 상상력을 계발하기 위한 몇 가지 행동 연습 요령이다.

육감을 이용하라. 어디에 있든 자신의 감각의 힘을 이해하라. 시각, 청각, 후각, 촉각, 미각 등 이용할 수 있는 모든 감각을 동원해 주변에 있는 모든 것에 주의를 기울이고 그것을 파악하도록 하라.

상상력을 발휘하라. 사업 상 또는 사교을 위한 모임에서 누군가가 이야기하는 것을 들을 때는 묘사하고 있는 것에 대한 이미지를 형성하도록 노력하라. 말이 이미지, 느낌, 감각의 형성에 도움이 되게 하라.

말을 잘하는 사람이 되어라. 상상력이 풍부한 어휘를 사용하라. 사건이나 계획을 풍부한 묘사와 열정을 가지고 말하라. 그렇게 한다면 당신은 유능한 대화 상대이자 뛰어난 대중 연설가가 되는 부수적인 효과를 맛볼 수 있을 것이다.

기억력을 향상시켜라. 의자에 편안하게 앉아 온몸의 긴장을 풀고 방안에 있는 물건들을 자세히 살펴보라. 이제 눈을 감고 할 수 있는 한 많은 물건을 떠올려보아라. 당신은 자신이 얼마나 많이 놓쳤는가에 놀랄 것이다. 이 연습을 가능한 자주 하라. 주변에 있는 물건의 모양, 색, 재질, 크기 등을 기억하려고 애써라. 핵심은 물건의 이름이 아니라 이미지에 의한 회상이다.

접촉하라. 눈을 감고 손에 물건을 쥔 다음 그것을 손에서 손으로 옮기면서 느껴보라. 손가락으로 모양을 탐지하고 동시에 마음 속으로 그것의 모습을 상상해보라.

귀를 기울여 배워라. 성우의 목소리와 음향 효과가 들어 있는 오디오 북을 구입하라. 듣는 대로 자신을 그 구성 속에 집어넣어라. 다음에는 성우의 목소리만 들어 있는 책을 사서 당신이 직접 소리와 음향과 효과를 넣어라. 그 다음에는 라디오 드라마를 들어라(믿거나 말거나겠지만 상당히 효과가 있다).

눈을 감고 텔레비전을 보라. 이것은 매체를 이용해 상상력을 훈련하는 가장 좋은 방법으로 우리의 사고과정에 거의 개입하지 않는 방법이다. 이것은 정보전달경로를 획기적으로 개선시켜줄 것이다. 텔레비전은 너무 많은 정보를 전달해주는 반면 상상력의 작용이나 연습의 기회는 너무 적게 제공한다.

그리는 법을 배우라. 그림은 당신의 창조력을 발달시켜준다. 간단히 네모나 동그라미처럼 당신이 알고 있는 것을 그리는 것으로 시작하라. 만약 멀티미디어 컴퓨터를 가지고 있다면 당신은 일러스트레이션과 자유로운 그림이라는 놀라운 세계를 탐구해볼 수도 있을 것이다. 자신감이 느껴질수록 당신의 그림은 그림자나 형태, 질감을 포함해 원하는 만큼 복잡하고 정교해질 것이다.

계속하는 것이 왕도다. 당신은 아마 신문, 잡지, 대중소설을 읽을 것이다. 그것을 그만 두지 마라. 당신이 좋아하는 구성, 문체 어휘를 가진 작가의 새로운 소설과 순수 문학작품을 계속 읽어라! 우리의 상상력에 불을 지펴주는 재능있는 다른 사람들의 창조적 상상력을 계속 관찰하라.

점점 더 많은 조직이 근로자들에게 창의성과 혁신(따라서 모험심)을 기대한다. 만약 상당한 위험을 감수하지 않으면 결정을 내리거나 새로운 아이디어를 시도해볼 기회를 갖지 못할 것이다. 이것은 어떤 상사들은 위험을 최소화하며 점진적인 변화를 시도하는 안정된 방식을 좋아하지 않는다는 뜻은 아니다. 그러나 분명한 것은 기업 환경이 점점더 복잡해짐에 따라 창의성의 중요성이 더욱 커지고 있는 것이 일반적인 추세라는 것이다.

기업들은 그들의 체제와 목표에 새로운 변화와 혁신, 모험을 불어넣지 않는 한 계속적인 생존을 기대할 수 없게 되었다. 이것은 탄력성 있는 의사소통 경로와 업무 성취의 평가에 대한 새로운 기준이 필요하다는 것을 의미한다. 이러한 새로운 경향에 맞추어 나가는 조직은 새로운 아이디어에 개방적이며 근로자들에게 결정을 내릴 수 있는 재량권을 허용한다. 낡은 기술 이상으로 순응주의는 점차 부담으로 인식되고 있다. 다음 장에서 살펴보겠지만 무엇이 우선하는가에 대한 이러한 변화는 관리 스타일은 물론 우리의 일상생활에 있어서 목표의 인식에 상당한 변화를 가져오는 원인이다.

7장

셀프
리더십

selfleadership

셀프 리더십
selfleadership

❖

　당신은 자신의 기대를 충족해야만 한다. 그러나 그것은 당신이 원하는 것이 아닐 수도 있다. 예를 들어 두려움과 근심이 불안으로 변할 때 우리는 마음의 고통을 느낀다. 마음의 고통은 우리의 내분비계를 자극하고 호르몬과 항체를 생산하게 한다. 우리의 면역 체계는 점점 약화되고 저항력은 떨어진다. 우리는 박테리아나 바이러스, 기타 여러 가지 항상 존재하는 병균에 더욱 약해지게 된다. 궤양은 우리가 먹는 것이 아니라 우리를 먹어치우는 것일지도 모른다. 어떤 종류의 궤양은 심리적인 증상 (외부의 알려지 원인보다는 자식을 지나치게 감싸고 도는 부모와 관계에서 더 자주 일어나는, 문자그대로 숨 막히는 사랑)이라는 증거가 있다. 어떤 경우에는 메역취라는 식물의 그림만으로도 열병이 가라앉는 수도 있다. 또 많은 경우 우리가 일어날 것이라고 기대하거나 믿는 것만으로 그런 일이 일어나기도 한다.

　우리가 마음이 찢어질 것 같다고 말하는 강렬한 외로움과 상처는 실제로 심장에 이상을 가져올 수도 있다. 또한 억눌린 감정과 암 증세의 발전 사이에는 명백한 상관관계가 있다. 두 가지 상반되는 결정 사이의 갈등은 심한 두통을 일으킨다. 엄격한 성격과 억눌린 분노는 어떤 경우

관절염의 원인으로 판정된다.

신념은 여러가지 믿음의 집이다. 이제 우리는 집을 정리해야 할 때이다. 당신의 삶의 스타일(기대와 예상)은 건강과 행복에 어떻게 영향을 주는가?

당신은 틀림없이 위약효과(placebo effect)에 익숙할 것이다. (placebo는 문자 그대로 "나는 기쁠 것이다"라는 뜻이다). 위약은 특정 연구에서 일부 참가자들은 실험적인 약으로 치료를 받는 동안 일부 참가자들에게 투여되는 효과가 없는 물질이다. 그 결과는 약효가 없는 위약과 실험적인 약을 투여한 사람들의 반응의 차이를 측정함으로써 실험이 이루어진다. 방금 사랑니를 뽑은 자원자 집단 가운데서 몇 사람에게 고통을 완화시켜주는 모르핀이 투여되었다. 반면에 다른 사람들에게는 모르핀이라고 믿는 위약을 투여했다. 위약 투여자 가운데 상당수가 순식간에 고통이 줄어드는 것을 경험했다고 말했다. 그러나 엔도르핀의 효과를 차단하는 약을 투여할 경우 고통은 즉시 되살아났다. 이 실험은 대단히 중요한 사실을 확인해준다. 어떤 환자가 진통제를 복용했다고 믿는 경우 뇌는 그 믿음을 현실화시켜주는 화학물질을 만들어낸다는 것이다. 간단히 말해서 위약 효과는 믿음의 결과이다.

최근의 연구는 위약 효과가 과거에 상상했던 것보다 훨씬 더 강력하다는 것을 확인해준다. 따라서 당신은 믿는 것과 흉내내는 것에 보다 주의를 기울여야 한다. 그것이 실현될 수도 있기 때문이다.

장래가 촉망되는 노동자, 지도자, 관리자에게 있어 가장 바람직한 태도 가운데 하나는 도전을 기회로, 어려움을 일시적인 불편으로 이해하는 능력이다. 이러한 긍정적인 태도는 변화를 친근하게 환영하며 놀라운 일, 심지어는 부정적인 놀라운 일에도 당황하지 않는다. 도전과 문제에 어떻게 접근하는가야말로 사업이나 개인 생활에 있어서 의사결정 과정에 핵심적인 측면이다.

1920년대 소설가 어니스트 헤밍웨이는 완벽한 원고를 만들기 위해 열심히 일했다. 그러나 그는 책으로 묶으려고 계획하고 있던 모든 원고, 그가 엄청난 노력으로 갈고 닦은 주옥 같은 작품들이 든 가방을 잃어버렸다. 절망에 빠진 헤밍웨이는 다시 작업을 할 수가 없었다. 그는 작업에 열정적으로 매달렸던 지난 몇 달만을 생각하고 있었다 - 그러나 이제는 모두 사라졌다. 그는 그렇게 확신했다. 마침내 그가 시인 에즈라 파운드에게 잃어버린 원고에 대해 괴로운 심정을 토로하자 파운드는 그것을 행운의 일격이라고 말했다. 파운드는 헤밍웨이에게 작품을 다시 쓴다면 마음에 들지 않았던 부분은 잊어버릴 수 있을 것이고 가장 훌륭한 부분만 되살릴 수 있을 것이라고 설득했다. 실망에 빠져 한탄만 하는 대신 파운드는 희망의 빛을 비춰주었던 것이다. 헤밍웨이는 작품을 다시 썼다. 그리고 그 다음은 역사가 전하는 대로다. 그는 문학사에서 가장 중요한 작가 중 한 사람이 되었다.

비난이나 비관주의, 냉소주의, 공포로 인한 동기유발이 만연한 회사나 상황에서는 내가 기업에서 너무나 자주 보아온 모든 것이 발전할 수 있는 조건을 갖추고 있다. 실패에 대한 두려움은 실패를 피하기 위해 어떤 대가라도 치르려고 한다.

실패를 피하려는 태도의 문제는 그것이 동시에 위험을 감수해야만 하는 성공도 피한다는 것이다. 노동자가 실패에 대한 처벌 때문에 두려워할 때 거기에서는 혁신과 창의는 불가능하다. 영국의 유명한 수필가이자 평론가인 찰스 램의 첫 번째 희곡은 너무 심한 야유를 받아서 제작자가 무대 앞에 나와 관객에게 사과를 해야만 했다.

초기의 이런 경험은 보통 무슨 일이 있어도 실패는 피해야 한다는 교훈을 준다. 이것은 우리가 처음으로 "안 돼!"라는 말과 부딪치게 되는 어린 시절에 시작된다. 이것은 우리가 부모나 다른 가족, 선생, 친구들로부터 비판을 당할 때마다 잡초처럼 자란다. 결국 그것은 우리 자신을 실수와 연결하거나 서툴고 어리석은 이미지로 이끌게 된다.

남을 끌어내리는 이 세상은 이런 문제를 조금도 완화해주지 않는다. 이 세상은 문제와 유명인사만을 강조하고 사업가의 성공은 교묘하게 이기심을 조작함으로써 이루어진 일인 양 바라보는 언론매체가 판을 치는 세상이다. 많은 사람들이 문제를 일으키기보다는 조용히 체제에 안주함으로서 잡음을 피하고 안정을 구하려고 애쓴다. 자수성가한 사람들의 전기, 기록, 기타 여러 가지 프로그램에도 불구하고 대부분의 사람들은 자신도 그렇게 성공할 수 있다고 상상하지 못하며 과거의 문제를 돌이켜보며 앞으로도 비슷한 일이 일어날 것이라는 잘못된 습관을 자꾸 발전시킨다. 이것은 과거의 잘못을 더욱 강화하고 미래의 실수를 불러 일으킨다. 그들은 목표를 너무 높이 잡음으로써 두려움을 더 강화하거나 실패할 가능성을 더욱 크게 만들기도 하고 또 목표를 지나치게 낮게 설정함으로써 실패를 피하고 안주하게 된다. 그들의 마음 속의 대화는 언제나 두 가지 극단적인 경우이다. "그대로 있어. 모든 일이 잘 돌아가고 있잖아. 언젠가는 망치겠지만 말이야" 또는 "어쩐지 너무 잘 된다고 생각했어."

실패에 대한 두려움은 뿌리 깊은 동기유발이 될 수도 있다. 리더는 성공을 원하고 자신에 대해 기분 좋게 느낀다. 반면에 실패를 두려워 하는 사람들은 실패를 피하려는 것에만 관심을 두기 때문에 스스로에 대해 불쾌한 감정을 느끼지도 않고 시도도 거부한다. 예를 들어 만약 정원의 절반을 해고해야만 한다면 외적인 요인도 실패에 대한 두려움에 불을 붙일 수 있다. 오랫동안 잘 일해온 사무실이나 공장의 노동자들은 감원에 대한 두려움에 사로잡힐 것이다.

학습된 무기력

학습된 무기력은 우리는 외부 요인에 따라 움직일 수　에 없으며 우리에게 일어나는 일을 더 이상 통제할 수 없다는 믿음이다. 행동주의자들은 이런 느낌은 실제로는 학습된다고 강조한다. 펜실베니아 대학의 심리학자이자『학습된 낙관주의(Learned Optimism)』라는 베스트셀러의 저자인 마틴 셀리그만은 학습된 무기력에 대해 자세히 연구했다. 그리고 그것이 태어날 때부터 선천적으로 물려받는 것이 아니라 후천적으로 획득되는 특징이라는 것을 확인했다.

학습된 무기력을 극복하고 노동자와 다른 사람들로 하여금 적극적인 동기를 갖게 하는 가장 좋은 방법은 장기적인 목표를 가능한 한 작고 단기적인 것으로 분할함으로써 예상할 수 있는 성공 가능성을 높게 유지하는 것이다. 우리는 스테이크 덩어리를 한번에 삼키려다 목이 메일 수도 있다. 그러나 한 조각씩 잘라 먹으면 보다 오랫동안 여러 가지 즐거움을 맛볼 수 있다. 처음에는 달성하기 쉬운 목표를 향하는 것이 더 쉽다. 그리고 실수할 경우에도 고치기가 쉽다. 작은 목표의 성취는 심지어는 대단히 복잡한 문제에 대해서도 성공의 가능성을 더 크게 느끼게 함으로써 우리로 하여금 보다 큰 목표를 달성할 수 있다고 믿게 해준다.

진짜에 집중하라

미국 FBI는 진짜 돈을 이용해 위조지폐를 식별해 내도록 요원들을 훈련시킨다. 요원들은 훈련하고 훈련하고 또 훈련한다. 그러나 언제나 진짜 돈만을 사용한다. 그들은 거의 본능적으로 지폐를 감식할 수 있을 때까지 1, 5, 10, 20, 100 달러짜리 지폐의 특징을 몸에 익힌다. 그 정도가 되면 그들은 위조 지폐를 보게 되면 즉시 그것을 알아내게 된다. 위조 지폐의 일반적인 실수들 (잘못되었거나 일반적으로 빼먹는 것 따위)에 당황하지 않고 그들은 자신들이 찾아야 하는 것이 무엇인지를 안다. 진짜 전문가들에게 모조품은 너무나 분명하다. 만약 자신에게 잘못될 수 있는 모든 일과 실패의 댓가에 대해 생각하는 것을 허용한다면 당신은 실패의 대가로 과업의 성취를 방해받을 가능성이 훨씬 커지게 될 것이다. 스스로에게 끊임없이 자신이 하지 말아야 될 일이 아니라 할 일을 이야기하라.

다음은 건강하고 긍정적인 예상을 함으로써 부정적인 동기유발을 피하는 데 도움이 되는 몇 가지 행동 지침이다.

① 당신의 건강에 대해 좋게 생각하고 말하라. 병에 안주하지 마라. 그렇지 않으면 병은 더욱 자주 찾아오고 또 오래 머물게 된다. 당신 자신과 가장 가까운 사람들의 건강에 관심을 기울여라.

② 직업 분야에서 성장에 대한 뉴스와 보고서를 읽고 들어라. 그러나 다른 사람들의 비극에 대한 지저분하고 자세한 이야기로 자

신의 정신을 오염시키는 일을 피하라. 고십 전문 신문에 실리는 기사 같은 것에 매달리는 것은 스스로를 혐오스럽고 냉소적으로 만든다.

③ 낙관적이고 지도력에 대한 높은 동기를 가진 친구와 친지를 사귀라. 문제를 공유하는 것보다 해결책과 목표를 공유하는 것이 서로에게 매력을 준다.

④ 당신의 모든 개인적 관계에서 긍정적인 교훈과 이유를 발견하라. 그들 각자에게서 얻은 축복과 지식을 강조해라.

⑤ 편견에 사로잡히지 않는 법을 배워라. 특히 여러 문화가 공존하는 새로운 작업 환경에서는 더욱 그래야 한다. 과거의 정신 상태로는 편하게 사귈 수 없을지도 모르는 사람과 더욱 마음을 열고 친근하게 지내라.

⑥ 아무리 심한 압력을 받더라도 긴장을 풀고 편안하게 지내는 법을 배워라. 불필요하게 비판적이기보다는 건설적으로 도움이 되어라.

⑦ 현재의 욕구와 필요한 것의 목록을 만들고 그것을 달성할 경우 얻게될 이익을 적어 놓아라. 낮이나 밤에 잠자리에 들기 전에 이 목록을 자주 검토하라.

⑧ 친지나 직원들을 다룰 때 다른 사람 앞에서 그들의 잘못을 비판하지 마라. 반드시 개인적으로 잘못을 지적하고 가능하다면 언

제나 그들을 이해할 수 있는 개선책으로 바라보면서 보다 관용적인 태도를 취하라. 다른 사람에 대한 공개적인 비판은 그들로 하여금 실험과 혁신을 그만두고 실패를 피하려는 사람으로 만들게 된다.

⑨ 자신과 다른 사람을 비교하는 대신 성취에 대한 자신만의 기준을 설정하라. 자신을 현재의 자신으로 받아들여라. 그러나 항상 목표와 기술, 욕구를 향상함으로써 도전적이 되고 그것을 달성하기 위해 진정한 참여와 노력을 계속하라.

⑩ 무엇보다도 당신의 소망과 목표를 긍정적인 언어로 표현하라. 실패를 피하기 위해서가 아니라 위대한 성공을 위해 살아라.

〈8장〉
목표

The goal

목표
The goal

❖

　동기유발은 동기(motive)와 행동(action)의 줄임말이다. 행동을 이끌어내는 정신적 힘은 외적인 환경에서 나오는 것이 아니라 내부에서 우러 나오는 것이다. 당신은 자신이 어디로 가고 있는지를 안다. 그것은 벽에 붙은 안내 포스터나 보너스가 달린 재무제표나 강당의 구호 때문이 아니라 그렇게 하도록 요구하는 당신 내부의 이미지를 가지고 있기 때문이다. 외부의 요인에 의해 동기를 부여받은 사람들의 업무성취도는 운동경기 우승 팀은 우승컵을 안은 뒤 자신들의 탁월한 기량을 유지해주는 인센티브를 잃게 되자 돈과 명예를 동시에 잃어버린다.

　경쟁하다(compete)의 라틴어 어원은 "같이 하다, 동의하다, 적합하다, 속하다, 경쟁하다"라는 뜻을 지닌 "competere"다. 살인 본능의 욕구를 암시하는 부분은 어디에도 없다. 우리는 우수함은 다른 사람의 희생을 통해서만 이루어질 수 있다고 믿음으로써 거기에 모종의 특성을 첨가한 것이다. 진정한 경쟁에서는 그들을 보다 높은 단계의 관리로 이끌어가는 우수한 업무를 처리한 개인이나 집단이 승리를 거둔다. 그러나 경쟁에 대한 옳은 접근은 경쟁에 참가하고 있는 모든 사람을 다 우수하게 만드는 것이어야 한다.

우수함에 대한 내적 충동은 언제나 당신이 하는 모든 일에서 가능한 한 최고가 되도록 동기를 부여한다. 지도자와 관리자들은 이 점에 특히 주의해야 한다. 그들은 팀원들이나 부하 직원들의 근무의욕을 고취하기 위해 외적인 동기부여 요소들(금전 수당, 근사한 사무실과 직함)의 사용에 보다 신중해야만 한다. 지속적으로 유지되는 동기부여는 항상 궁극적으로는 개인의 내부에서 나오는 것이어야만 한다.

스스로에게 권한을 위임하는 사람을 고용하라

그것이 팀의 업무의 질과 성취도에 권한 위임과 이상이 왜 그렇게 중요한지의 이유이다. 직원들로 하여금 업무를 추진하게 하는 것은 그들의 지도자가 아니라 그들 자신의 권한과 이상이어야만 한다. 잠재적 가능성이 있는 사람들을 면접하면서 당신은 내적으로 동기 유발이 되어 있는 사람을 찾아야만 한다. 그런 사람들은 일을 일 자체로서 중요하게 생각하고 자신의 회사나 분야를 사랑하고 최선을 다함으로써 자신의 한계를 테스트하고 싶어하며 일을 통해 세계에 기여하고 싶어한다. 그들이 자신들의 기여 몫보다 당신의 보상 몫에 더 큰 관심을 보이는지를 주의 깊게 살펴보라.

행동주의 심리학자들은 우수함에 대한 독립적인 욕구야말로 중요한 성취를 이룰 수 있는 가능성을 예견하게 해주는 가장 중요한 전조라는 사실을 발견했다. 다른 말로 노력의 성공은 노력 자체보다 오히려 동기에 달려 있다. 거의 모든 분야에 있어 가장 성공적인 남녀와 마찬가지로 가장 성공적인 기업은 그들이 표현되어져야만 한다고 느끼는 것을 표현하려는 욕구에서 위대한 성공을 이루어냈다. 때때로 그것은 문제를 해결하기 위해 최대한 자신들의 기술을 사용하려는 욕구일 수도 있다. 이것은 그들 가운데 상당수가 엄청난 부와 명성을 얻지 못했다는 뜻은 아니다. 윌리엄 셰익스피어, 토머스 에디슨, 월트 디즈니, 샘 월튼, 빌 게이츠는 모두 엄청난 부자가 되었다. 그러나 부에 대한 생각보다 훨씬 더 중요한 것은 제품이나 서비스에 있어서 우수함을 창출하거나 제공하려는 내적 동기와 영감이 성공의 열쇠라는 것이다. 그들 모두는 그들 가운데서 최고를 이루려는 욕구, 최고를 표현하려는 욕구에 의해 동기를 유발한 것이다.

해탈을 찾아라

평생을 이 길에서 저 길로 언제나 황금을 캘 수 있는 보다 쉬운 길을 찾아다니며 자신의 정열이나 잠재력에 값하는 목표를 한 번도 성취한 적 없이 방황하며 보내는 것은 무엇과 같을까? 그런 사람은 의외로

많다. 그들이 판매원일 경우 그들은 이 회사에서 저 회사로, 이 공장에서 저 공장으로, 이 제품에서 저 제품으로 옮겨 다닌다. 그들은 계속 머물러 있기가 어렵다. 왜냐하면 그들은 들락날락거리거나 자신의 새로운 사업을 시작하기 때문이다. 그리고 실패하면 새로 감량 경영을 하는 회사에 들어간다. 그런 곳은 팔에 누더기를 걸침으로써 원할 때는 언제나 감량을 할 수 있는 회사다. 간단히 말해서 그들은 불똥처럼 이 촛불에서 다른 촛불로, 열광적인 기회에서 이어지는 실망으로 옮겨 다닌다. 돈 자체가 과정이 아니라 목적이다. 돈은 당신 차의 연료처럼 수송 체계의 일부가 되어야만 한다.

목표는 우리 삶의 원동력이다. 그것을 태워 우리를 앞으로 나가게 하는 연료는 사명감이라는 정열이다. 마크 트웨인에게 성공의 비결을 물었을 때 그의 대답은 이러한 이해를 반영하고 있다. "저는 열광적으로 태어났습니다"라고 그는 대답했다. 리더는 자신의 마음에 불이 타오르고 있는 한 다른 사람의 마음에 불을 붙일 수 없다. 그것이 다음에 언급할 세 사람이 20대 때 이룬 일이다.

목표에 대한 정열은 당신으로 하여금 삶을 통제할 수 있도록 도와줄 것이며 또 당신에게 광범위하게 인정되고 있지는 않은 여러 가지 이익을 가져다 줄 것이다. 평균 10년 이상 수명이 늘어날 것이다. 목표의 추구는 극소수의 사람들만을 쓸모없게 만든다. 그러나 그들은 행복의 추구가 노인성 질병으로 변하게 될 때 수만 배는 더 쓸모가 없어진다.

1845년 마사루 이부카라는 이름의 젊은 발명가는 패전과 실의에 빠져 있는 황폐한 일본에서 회사를 시작했다. 마사루는 폭격을 당해 부서진 상가에 방을 빌렸다. 그는 6명의 종업원과 저축해둔 돈 1,600달러로 시작했다. 얼마 후 그들과 합류한 아키오 모리타는 "이 작은 집단은 불타버린 상가 건물이라는 절망적인 분위기 속에서 회의를 열곤 했습니다"라고 회고했다. "몇 주일 동안 그들은 새로 시작한 이 회사가 어느 분야로 진출해야 할 것인지를 구상하느라 애를 썼습니다." 이것이 바로 소니의 탄생이다.

　　휴렛패커드도 비슷한 환경에서 출범했다. 빌 휴렛과 데이브 패커드가 1930년대 후반 처음 회사를 설립했을 때는 추구할 특별한 아이디어를 가지고 있지 않았다. 그들의 목표는 상당히 모호한 "전기 엔진 분야로 진출하는 것"이었다. 그들은 4선형 표시기, 망원경용 시계 이동장치, 자동장치 등을 개발했다. 휴렛 패커드사는 유수 장치로는 유명해지지 못했지만 광범위한 첨단 전자장비와 프린터를 포함해 컴퓨터 관련 제품에서는 널리 알려지게 되었다.

　　가장 중요한 정열을 찾고 있는 당신의 사고를 자극할 몇 가지 질문을 해보자.

① 현재 제공되고 있는 않은 제품이나 서비스 가운데 당신이 제공할 수 있는 것은 무엇인가?

② 현재 하고 있는 것과는 다른 방식으로 자신을 설정할 수 있는 방법은 무엇인가?

③ 현재 개발되어 있지 않은 틈새시장은 무엇인가?

④ 현재 당신이 만들거나 제공하는 서비스에 부가가치를 더할 수는 없는가?

⑤ 어디가 비효율적인 시장인가?

⑥ 현재의 과정이나 공정을 더 편리하게 만들 수는 없는가?

⑦ 이것을 더욱 싸게 만들 수 있는 방법은 없는가?

⑧ 현재 사용할 수 없는 무엇을 위해 사람들이 돈을 더 낼 수 있는 것은 무엇일까?

⑨ 나의 손님이나 고객 집단이 사용가능한지를 원하는 것은 무엇일까?

⑩ 당신이 가장 즐기고 더 원하는 것은 무엇인가?

⑪ 당신이 재미있고 모험적이며 지루하지 않다고 생각하는 것을 함으로써 당신의 삶은 어떻게 변할 수 있는가?

⑫ 업계의 현황에 대한 동료들이나 경쟁자들의 생각에 도전하는 새로운 경향은 무엇인가?

⑬ 한 사람의 종업원만을 둔 작은 서비스 회사, 즉 '당신만의 기업'으로 유망한 것은 무엇인가?

어느 누구도 1644년에서 1737년까지 살았던 이탈리아의 바이올린 제작자 안토니오 스트라디바리만큼 이러한 질문에 잘 대답한 사람은 없을 것이다. 스트라디바리는 평균 수명이 35세를 약간 넘던 시절에 93세까지 살았다. 그의 작업 도구는 원시적이었으며 만년에 이르러 아들이 같이 일할 때까지 혼자서 작업했었다. 스트라디바리는 정열을 가지고 있었다. 그는 자신이 만든 모든 바이올린과 비올라에 혼신의 힘을 쏟아넣었다. 작업을 끝내고 난 다음 만든 것이 자신의 개인적 기준에 도달하면 그는 악기에 자신의 이름을 서명했다.

거의 300년이 지난 후에도 그의 바이올린은 수십만에서 수백만 달러에 팔리고 있으며, 스트라디바리우스는 고품질과 같은 뜻으로 통하고 있다. 비범한 우수성을 가진 모든 남녀보다 훨씬 더 유명해졌다. 지금 이 순간에도 수십만 아니 수백만의 젊은이들이 산업, 예술, 과학 분야에서 알려지지 않은 채 묵묵히 일하고 있다. 사람들은 그들에 대해 들어본 적도 또 어쩌면 영원히 들어보지 못할지도 모른다. 그러나 그들은 그럴 듯한 가짜로 등장하기를 원하지 않는다. 그들은 소수다. 그러나 그들은 언제나 한 사람을 위한 연주회에서 연주하거나 그들 자신의 내적인 찬사를 위해 일하고 있다. 자신이 설정한 기준을 달성하기 위해 끊임없이 노력하고 스스로 수준을 향상해가는 그런 사람들을 기억하라. 그렇게 하기 위해 그들은 이렇게 하고 있다.

- 자신의 최선으로 다른 사람의 이익이 되게 하며, 흔하지 않은 업적을 남긴 사람들이 느끼는 자부심을 경험하며 자신의 일을 기쁨과 만족의 원천이 되도록 만들고 있다.
- 평생 동안 또는 그 이상 이어질 안정감을 맛본다. 왜냐하면 우수함에 대한 존경심은 언제나 살아남으며 항상 최고의 가치를 구가하기 때문이다. 만약 당신이 우수함만을 인정하고 자신의 작업에 이름을 붙일 만하다고 느낀다면 당신과 당신의 일은 살아남을 것이다. 하찮은 질은 잠시 동안 달콤한 낮은 가치를 누리는 대신 오랫동안 괴로움을 겪게 될 것이다.

<9장>
내면의 힘

inner power

내면의 힘
inner power

❖

정보고속도로 위를 달리는 새로운 권력의 기차가 있다. 당신이 기업을 경영하거나 팀의 지도자이거나 또는 변화하는 세계에서 경쟁자로 살아남기를 원한다면 차를 놓칠 경우 궁지에 몰리게 될 것이다.

세계적인 경쟁은 정보에 대한 접근 능력에 의해 결정된다. 정보 접근 능력은 기술에 의해 결정되며 기술은 자본 투자에 의해 결정된다. 자본 투자는 이익에 의해 결정되며 이익은 수익에 의해 결정된다. 수익은 판매 규모와 회수에 의해 결정된다. 고객의 제품 선호도는 고객의 만족도에 의해 결정되며 고객의 만족도는 가치에 의해 결정되며 가치는 근로자의 생산성에 의해 결정된다. 근로자의 생산성은 근로자의 충성도에 의해 결정되며 노동자의 충성도는 만족도에 의해 결정된다. 노동자의 만족도는 작업 환경에 의해 결정되며 작업 환경은 경영자의 책임감에 의해 결정된다. 경영자의 책임감은 눈에 보이지 않는 리더십에 의해 결정된다.

그리고 눈에 보이지 않는 리더십은 전통적인 역할을 변화하려는 이상을 실현하는 것이다. 즉 명령을 내리는 사람에서 코치로, 관리자에서 조언자로, 감독에서 권한을 위임하는 사람으로, 존경을 요구하는 사람에서 자기 스스로를 존경할 수 있도록 도와주는 사람으로 역할을 변화시켜 가야 한다.

이제 효과적인 리더십은 명령과 통제라는 권력 위계질서의 정상이라는 위치에서 이루어질 수 없다. 그것은 이상, 목표, 책임을 공유하는 독립적인 관계를 지향하는 것이어야만 한다.

모든 사람이 대부분의 정보를 즉각적으로 활용할 수 있는 가능성이야말로 전 세계적으로 일어나고 있는 엄청난 정치, 경제, 기술적 변화에 대처할 수 있는 열쇠이다. 지금은 심지어는 외교 정책이나 대외정책의 변화도 CNN 덕분에 즉각 전 세계로 알려지는 형편이다. 휴대용 지식과 전 세계적인 경쟁에 의해 촉발된 이러한 극적인 변화는 명령 계통에 따라 지시가 내려올 시간적 여유를 허용하지 않는다. 지도자들은 다른 사람들이 신속하게 대응할 수 있도록 권한을 위임해야만 한다. 또한 우리는 팀을 통해 시너지 효과를 얻지 못하면 비참하게 뒤처지게 될 것이다.

정보의 자유로운 흐름의 가장 중요한 결과는 세계의 가난한 나라 사람들 사이에서 그들의 삶의 스타일과 산업화된 나라 사람들의 삶의 스타일 사이의 불균형에 대한 자각이 점점 더 커지게 되었다는 것이다. 최근에는 가난한 사람들 사이에서 개인적 권한 위임에 대한 새로운 욕구가 일어나게 되었다. 예를 들어 베트남은 자유로운 경제를 갈망하게 되었다. "미국인이 하노이를 파괴한 것이 아니라 사회주의에 대한 낭만적

환상이 파괴한 것이다"라고 한 베트남 외교관은 선언했다.

지식의 시대는 대량의 인구 이동을 유발했다. 과거 동유럽 국가에서 서유럽으로뿐만 아니라 북아프리카 국가들과 사하라 주변 국가들의 인구 이농을 불러왔다. 이것은 라틴아메리카, 아시아 중동 지역에서 북아에리카로 끊임없는 대량 이민으로 이어지고 있다. 이 이민은 부분적으로는 천연자원의 중요성 감소, 즉 전략적 자원이 정보, 교육, 노하우 등에 의해 대체됨에 따라 이루어지는 측면이 있다. 맥도날드나 코카콜라는 고기, 빵, 시럽, 용기 등은 현지로 운송하지 않는다. 그들은 지식, 즉 제조 비법과 조직 관리 기술만을 가지고 갈 뿐이다.

광범위한 변화는 고객과 노동자들에 대한 초점을 더욱 첨예하게 만들고 있다. 과실로 인한 이익의 감소와 점점 줄어드는 이윤 때문에 기업은 적절한 사람을 핵심적인 위치에 앉힘으로써 이미 지나치게 일하고 있는 참모진의 다운사이징을 통해 보다 높은 생산성을 확보해야만 한다. 심각한 생존경쟁은 기업들로 하여금 팀워크, 창의성, 혁신을 고무하도록 요구하고 있으며 그것은 왜 인적자원이 가장 중요한 자원이 되고 있는가를 설명해준다.

어떤 것도 노동자의 충성심과 업무 성취도의 가장 큰 동기유발 요인인 직업 만족도를 대체할 수 없다. 때때로 임금 수준이 가장 낮은 노동자들이 완제품과 고객에 대한 서비스에 그런 만족감을 반영하기도 한다. 그들이 고객을 기쁘게 하지 못하고 반복적인 거래를 발생시키는 데 도움이 되지 못한다면 경쟁은 이미 끝난 것이다. 그리고 고객의 기대는 시장 상황을 내일은 더 어렵게 그리고 내년에는 더욱 더 어렵게 만들 것이다.

지금은 아쿠아리스 명사의 시대다. 우리는 스타 뉴스앵커, 스타 축구 코치, 스타 모씨 등을 떠받들고 그들의 이미지를 팀이나 회사의 다른 사람들보다 훨씬 위로 추커세운다. 광고와 홍보를 위해 그런 것이 중요한 것은 분명하다. 그러나 빛나는 리더에 대한 맹복적인 스포트라이트는 실제로 수출용 모터를 조립하거나 마더보드를 검사하거나 항공권 예약을 확인하거나 메신저 서비스를 위해 봉투를 나르는 사람들을 그늘에 남겨둘 가능성이 있다. 그러나 그들이야말로 상품 생산과 서비스 제공이라는 분야의 일꾼이며 리엔지니어링과 기타 여러 가지 혁신 운동이 현실화되기 위해서 변해야만 하는 사람들이다.

그들은 변하고 있는가? 이들 현대의 진짜 일꾼들은 변하고 있는가? 언제나 그렇지는 않다.

많은 경우 회상의 "명성"이나 스타에게 맞춰진 스포트라이트를 따뜻하고 확산된 빛으로 바꾸어 구석구석 모든 사람을 비추어 그들로 하여금 지식의 시대에 충분히 참여할 수 있게 그들이 필요로 하는 인정과 가치를 제공하는 것이 더욱 바람직하다. 유명한 리더에게 관심의 초점을 기울이는 것은 때때로 오히려 그것을 필요로 하는 대부분의 사람들의 참여의식과 책임감을 감소케 하는 의도하지 않은 부작용으로 이어지는 경우가 있다.

　지식의 시대에 걸맞는 효과적인 리더십은 개인의 참여와 책임감을 고취하는 것이어야만 하며 그것은 손가락을 까딱거리거나 다른 사람에게 무엇이 가장 좋은 것인가를 아는 체하는 것만으로는 결코 이루어질 수 없다. 우월감을 드러내거나 자신의 중요성을 과시하거나 통제를 유지하려는 식의 모든 낡아빠진 노력은 우리가 필요로 하는 노동자들의 새로운 자질을 억압할 뿐이다. 스타에 대한 찬사 역시 그런 역효과를 가져올 수 있다. 리더는 우리에게 사명을 부여해야 하며 우리로 하여금 거기에 도달할 수 있게 격려해야만 한다. 그러나 리더는 또한 낡은 방식의 권력을 유지하려고 시도하지 않도록 대단히 주의해야만 한다. 이러한 낡은 권력은 독립심 대신 의존성을 키우며 공동체 의식과 책임감을 파괴한다.

　1950년대 이후 상품의 원가는 실제 제품의 수명에 비해 서서히 줄어들어왔다. 반면에 제품의 품질. 다양성, 매력적인 특징 등은 엄청나게 늘어났다. 이러한 경향은 분명히 21세기에도 이어질 것이며 어쩌면 디장니과 소재의 향상과 제조공정의 단축, 서비스 산업의 확대를 가속화시킬 것이다. 전세계적인 경쟁은 더욱 심각하고 강해질 것이 확실하다.

　그러한 경쟁을 이겨내는 사람은 기술, 생산, 분배, 조직에 있어 변화를 파악하고 이요함으로써 그렇게 해나갈 것이다. 그들은 이러한 작업을 신속하게 해냄으로써 적절한 반응 시간 내에 경쟁자들을 물리칠 것이다. 기업가 정신을 갖춘 미래의 성장 기업들은 보다 새로운 장비와 보다 저렴한 원가로 일을 해나갈 것이다. 그들은 관료주의적 태도와 관료주의적 구조의 제약을 받지 않음으로써 훨씬 유연할 것이다. 얼마 지나지 않아 어디에서 나타났는지 알 수 없는 세계시장의 새로운 지도자들이 등장할 것이다 - 그들은 다시 쓸모없고 낡아빠진 위계질서 모델을 무너뜨릴 것이다.

지도자의 함정

대기업들의 방만한 구조 역시 변화에 대한 대응 속도를 떨어뜨린다. 경영층의 관심이 때때로 정부 기관에 대한 로비와 기업가적 도전 - 제품의 질과 서비스로 고객의 욕구에 부응하는 것 -이라는 기본적인 요소에 초점을 맞추기보다는 관료적인 명령에 더 기울어진다! 중무장한 전함들이 방향 전환이 어려운 것처럼 대기업들도 대단히 위험한 세계시장의 변화에 대응하는 데 어려움이 있다는 것을 발견한다. 챈들러는 이것을 지도자의 함정이라고 부른다.

지도자의 함정은 대체로 황금알을 낳는 거위를 보호하려는 데서 비롯된다. 황금알을 낳는 거위란 전통적으로 일을 해온 방식 - 가장 잘 팔리는 제품과 서비스가 지금 당장은 최고의 이익을 낸다 -이다. 그러나 눈앞의 이익에 대한 완강한 보호는 때때로 장기적인 패러다임의 변화를 무시하고 부분적인 개선을 통한 보완에만 초점을 맞추게 한다.

지속적이고 규칙적인 소규모 기능적 개선으로 수익성을 유지하려는 노력은 대단히 중요하다. 이러한 접근 방식이 왜 아직도 대부분의 미국 기업들을 지배하고 있는지 쉽게 이해할 수 있다. 그것은 단기간에 이익을 최대화하기 위해서는 충분히 논리적이고 합리적인 대응이다. 그러나 장기적인 안목에서 볼 때는 완전히 불행한 결과를 초래하는 것이다. 우리로 하여금 앞으로 전진하고 있다고 확신하게 만드는 점진적인 개선은 진행 방향을 모호하게 만들 수 있으며 때때로 지도자의 함정으로 바로 이어진다.

특히 중요한 변화에의 적응이라는 어려운 일(사람들을 익숙하고 편안한 패턴에서 끌어내야 한다는 의미에서)을 처리해나갈 때 기업들은 반드시 기본적으로 인간의 동기유발을 개발해야만 한다. 눈앞의 이익이 이제 더 이상 기업의 인센티브 프로그램의 목표가 될 수 없다. 인센티브 프로그램은 시간 절약, 고객 서비스, 새롭고 다른 성취 기준에 대해서도 포상을 해야만 한다. 설령 그들의 노력이 아직까지는 수익성이라는 결과을 낳지 못한다 해도 작업 과정이나 서비스 개선에 헌신적인 개인이나 팀에 대해서는 인정하고 감사를 표해야만 한다.

비록 포상이 기업에 있어서 전혀 새로운 것이 아니라 해도 그것은 일반적으로 생각하는 것보다 훨씬 중요하다. 특히 포상자가 동료들에 의해 선정되었을 때는 더욱 그러하다. 으리는 이미 (5장에서) 때때로 기원 충동이라고 부르는 소속감이 자존심의 네 다리 중에서 첫번째라는 것을 알고 있다. 또다른 다리는 개별적 정체감이다 - 따라서 세심하게 구성된 포상 프로그램은 이 두 가지 감각을 증진시킬 수 있다. 그것은 팀형성을 위한 의식 프로그램, 부서별 협력과 경쟁, 모든 사람들이 진정으로 가족처럼 취급되는 회사의 사교적 행사 등으로 보강되어야 한다. 창의성은 제안되는 모든 아이디어가 회사의 제인 시스템을 통해 2주 안에 현실화된다는(적어도 미리 앞으로 어떻게 전개될 것이라는 인정과 설명이 주어지는) 믿음에 의해 보강되어야 한다. 물론 바보처럼 보이게 만들거나 "어리석은 생각"으로 비판을 퍼붓는 제안 시스템에 다를 노동자는 한 사람도 없다. 어리석은 제안 같은 것은 존재하지 않는다. 그러나 무감각한 반응으로 잠재적인 가치를 질식시키는 그런 제안 시스템은 있다.

노동자들이 진심으로 높이 평가하는 또다른 직업의 특성은 자율성(자신의 가치를 보여주고 책임을 부여받음으로서 자신의 우수성을 발전시킬 수 있는 기회)이다. 권한 위임이란 이러한 경영 기법을 위한 최근의 용어이다. 리더십 충만한 팀(팀원을 뽑고, 평가하고, 훈련시키며, 스스로 목표를 설정하고, 업무를 분담하며, 전체적 결과에 대해 책임을 지는 팀)은 독립적인 이익의 중추가 될 수 있다. 자율성과 권한 위임은 지속적인 훈련과 교육에 의해 지원되어야만 하며, 어쩌면 지식의 시대의 도전에 대응하는 데 필요한 새로운 기업 문화의 가장 핵심적인 측면일 것이다.

문화란 커피 모임에서 한 나라 전체에 이르기까지 어떤 집단의 사회적 패턴의 특성의 총합이다. 어떤 특정 기업의 문화는 그 기업의 역사와 역사, 또는 신화에 대한 해석에 의해 형성된다. 즉 경영 행위, 정책, 과정, 공식적 및 비공식적 규칙, 회사 내의 광범위한 의사소통 회로와 형식, 포상 구조, 교육과 그룹 미팅의 특성과 분위기 등등. 그 이름이 어떻든 그리고 휴게실은 청결한지 등 수백 가지 결정 요소에 의해 형성된다. 경영자가 기업의 문화를 만들어내지 못하면 그것은 귓속말, 소문, 비꼼, 비웃음, 불평, 파벌간의 다툼 그리고 온갖 종류의 사소한, 그리고 실질적인 상처를 주는 일에 의해 형성되게 된다. 만약 그것이 부정적이라면 구전되는 말은 조직에 해로울 수 있다. 그러나 그것이 긍정적이라면 그것은 행동에 도움이 되는 강력한 영향력이 될 수도 있다.

기업의 문화는 모든 기능에 영향을 미친다. 당신이 어느 회사에 속해 있는 그 회사는 다양한 측면과 모든 문제를 가지고 있다 - 따라서 단하나의 쟁점에 대한 캠페인으로는 변화에 대해 거의 무감각할 수밖에 없다. 새로운 지도력은 전면적이며 포괄적이어야만 한다: 눈앞에 닥친 정보혁명에 대응하기 위해 진심에서 우러나온 참여에 바탕을 둔 조화를 이룬 접근이어야만 한다.

지식의 시대에 필수불가결한 요소 가운데 첫번째는 강력한 참여훈련이다. 그외의 필수적인 요소들은 다음과 같다.

- 총체적 품질관리(TQM)
- 행동으로 증명되는 제안과 인정 프로그램
- 재고 생산 제품 확보를 위한 전시 제조
- 기술과 새 플랜트 및 새 장비를 위한 지속적인 재투자
- 생산성 향상 프로그램
- 고객의 서비스에 대한 신속한 대응 프로그램

각 개인도 자신의 문화를 가지고 있다. 직업이 무엇이든, 시간급 노동자든 아니면 번쩍거리는 화이트 칼라 사장이든 당신은 자신의 개인적 문화의 산물이다. 만약 지식의 시대의 새로운 요구들을 충족시키는 개인적 문화를 의식적으로 변화시켜 나가지 못한다면 당신은 그러한 변화의 책임을 친구들의 부정확하거나 무식한 의견, 소문, 때때로 타블로이드판 신문을 포함한 엉터리 매체의 해로운 영향력에 넘겨주게 될 것이다.

가장 먼저 필요한 것은 명확하고 측정 가능한 목표를 수립하기 위해 분명하고 고무적이 임무를 결정해야 한다. 그리고 지도력은 그것을 계속 강화해나가야 한다.

두 번째로 계획의 수립과 팀의 발전을 예정하고 기록하는 결과 산출적인 구조의 도입이다. 결과 산출적인 구조는 대단히 중요하다. 왜냐하면 직책 권한에서 관계 권한으로 전환 단계에서 근로자들은 팀에 할당되기 때문이다. 팀의 문제 중 하나는 어떤 사람들이 팀 안에 숨는 것이

다. 다른 말로 하자면 팀 구성원 가운데 일부는 여러 사람 가운데서 안전을 추구한다는 것이다. 조직의 성공을 위해 모든 사람들의 책임감을 보여주는 발전의 유도지표와 기록이 없는 경우 그런 팀은 평범함만을 포용하게 될 것이다. 그 경우 사람들에게 권한을 부여하는 것을 생산성을 향상시키는 대신 감소시킬 수 있다.

세 번째로 필요한 것은 팀의 유능성이다. 일반적으로 그것은 구성원들이 기술과 야심의 조화를 갖추었을 때 증가한다. 모든 사람이 조직에 대해 헌신적이지는 않다 해도 모든 사람들은 보다 나은 결과를 만들어낼 수 있도록 기술과 야심을 조화시켜 팀원으로서 행동해야만 한다. 그것이 베테랑과 초보자를, 외향적인 사람과 내성적인 사람을, 사람들과 쉽게 조화를 이루는 살마과 커뮤니케이션에 재능이 적은 사람을 한 팀으로 구성하는지의 이유이다.

그 다음 관심사는 팀의 동일성, 통일감, 헌신적 태도를 형성하는 것이다. 이것이 운동경기 팀이나 고적대가 유니 을 입고 화려한 색깔의 깃발을 드는지의 한 이유이다. 그러나 승리는 실제의 경기나 실제의 일에서 발휘되는 팀 정신에 의존한다. 이것이 그 다음에 고려되어야 할 문제이다. 남의 탓을 하는 것이 무책임이 점증하고 있는 우리 사회에 만연하고 있으며 "내 책임이 아니야" 세대가 대세가 되고 있다. 그러나 권한을 위임받은 팀원들이 결과에 관심을 갖고 있는 훌륭한 팀원들의 관계가 있는 곳에서는 초점은 문제 해결에 맞춰질 수밖에 없으며, 그것은 또

협력하는 풍토를 유지하기 위한 의식적이 노력에 의해 더욱 발전한다.

우수성의 기준은 반드시 특히 팀원 스스로에 의해 만들어져야만 한다. 결과 산출적인 구조없이 우연히 팀이 만들어지게 되면 최고의 기준의 결여로 인해 팀은 그들의 목표를 상실한 채 방황하게 된다.

팀 활동 기간 동안 눈에 보이는 경영자의 존재는 대단히 바람직하다. 그러나 참여나 지원의 신호로서 감독의 존재는 바람직하지 않다. 팀을 구성하고 사라지는 것은 대답이 아니다. 다음의 속담은 이 점을 명확히 보여준다.

경영자는 또한 외부의 인정이 적절하게 주어진다는 사실(팀의 결과에 덧붙여 구성원 개개인의 헌신을 인정하고 특별히 다루는 방식으로)을 확신시켜야 한다. 이것은 "조화를 이루되 눈에 띄는 것"이라고 불린다. 물론 경영자는 원칙적인 지도력을 위한 안내선을 확립해야 한다. 열성적인 팀을 만드는 방법 가운데 하나는 지도력 기술과 강력한 커뮤니케이션 기술(우리가 앞으로 검토   )을 훈련받고 책임과 성실성을 유지할 수 있는 능력을 갖춘 팀원들을 뽑는 것이다.

곧 부서질 유리

편견의 유리벽이 기업, 직업, 정치에서 완전히 부서지기에까지는 아직도 멀었다 - 그러나 그렇게 될 것이다. 그때가 되면 (그런데 당신은 왜 자신의 행동에서 그 날을 예상하지 않는가?) 남자와 여자는 순   나 파트너로 서로를 이해하게 될 것이며 따라서 성공과 성취를 위한 동등한 기회를 가지고 나란히 일할 수 있을 것이다. 성에 따라 어느 정도 다른 관점을 가질 수 있다는 의미에서 두 가지 관점은 기브 앤 테이크라는 새로운 태도 즉 "부드럽지만 강한" 전망으로 조화를 이루게 될 것이다.

　　모든 규칙에 많은 예외가 있다는 것은 말할 필요조차 없다. 이 경우 그것은 모든 성과 그들의 고유의 특성에 대한 모든 일반화에도 마찬가지로 적용된다. 그럼에도 불구하고 나는 대다수의 사람들에게 일반적으로 옳다고 받아들여지는 전체적인 차이가 존재한다고 확신한다. 그 중 하나는 대부분의 여성들이 남자들보다 솔직하고 충분히 귀 기울여 듣는다는 것이다. 여성들은 실제의 말과 신체 언어를 같이 들음으로써 행간의 의미를 들을 줄 안다.

　　다음은 승리하는 팀을 만들기 위한 7가지 비결이다

　① 국가가 헌법과 권리선언을 가지고 있듯이 목표를 달성하기 위해 조직된 모든 집단은 명확하게 정의된 이상을 필요로 한다. 그리고 그것은 꾸준히 그리고 거듭해서 논의된 것이어야만 한다. 지도자들은 그러한 이상을 설정하고 팀 또는 조직의 구성원들

이 스스로 그들의 사명을 규정하도록 도와주어야 한다. 이익은 그것 자체가 이상이 아니라 점수를 기록하는 방식으로 이해되어야 하며, 이상은 중요한 사회적 관심사와 관계가 있으며 개개인으로 하여금 자신의 필요 전에 집단의 필요에 부응하도록 고무하는 것이어야 한다. 패드럴 익스프레스의 이상은 사람, 서비스, 이익이다. 퀄리티 인(Quality Inn)이라는 회사의 이상은 "우수성의 추구와 전세계에서 가장 인정받고 존경받으며 칭찬받는 호텔 체인이 되는 것"이다.

② 성공이 팀원들보다 눈 깜짝할 사이에 오고 가는 기회에 대한 신속하고 창조적인 대응으로 결정되던 보다 단순하던 시절에는 자기 중심적인 보스가 살아남기에 더 적합했을 수도 있다. 이제 지도자들은 권한을 다른 사람에게 위임해야만 하며 그럼으로써 그들이 반응할 수 있도록 해주어야만 한다. 우리가 팀 구성을 위해 가장 중요한 요소가 무엇인지를 특별히 명시해달라고 요청하자 패드럴 익스프레스의 회장인 프레드 스미스는 "자아를 승화시키는 것이다"라고 말했다. "만약 그러한 훈련을 받지 못했거나 계속 달래야만 하는 자아를 가지고 있다면 당신은 효과적인 팀을 만들지 못할 것이다."

③ 리더는 다른 사람의 욕구에 부응해야 한다. 대부분의 리더는 자신에 대한 존경을 요구하곤 한다. 그러나 새로운 리더들은 사람

들이 그들을 존경할 수 있는 기회를 만들어 내는 데 보다 많은 관심을 기울이고 있다. 그러한 존경을 느끼는 것, 의미 있는 일이 주어지고 잘난 척하는 보스의 지시 없이 그 일을 이루도록 요구받는 것이 오늘 노동자들의 점증하는 목표가 되고 있다. 그것은 조직을 초월해 욕구를 지닌 청체적 개인으로 이해되고자 하는 소망을 포함한다. 그리고 조직 안에서는 승리를 거두는 팀에 속하고 느낌은 생산성에 근거한 이익을 공유하려는 욕구와 마찬가지로 하나의 중요한 동기이다.

④ 리더는 권한을 위임해야 한다. 직업 만족의 가장 중요한 결정 요소는 자율성이다. 대학의 한 연구는 현재 노동자들은 스스로 결정을 내리고 작업에 영향을 미칠 기회를 급여 총액보다 높이 평가한다는 결과를 내놓았다. 이러한 의미에서 그들에게 소유 의식을 부여하면 그들은 최선을 다할 것이다.

⑤ 리더는 실험을 장려하고 실패에 대해 인내심을 발휘해야만 한다. 토요타는 자동차 생산에서 거의 "불량율 제로"에 도달했다. 아마 어떤 제조업 분야에서도 비교할 수 없는 놀라운 기록일 것이다. 관리자의 일은 주로 공장을 돌아다니며 관찰하고 묻는 것이다. 토요타의 핵심적인 질문은 "오늘 나는 당신을 위해 무엇을 할 수 있을까? 당신의 일을 쉽게 해주기 위해 나는 어떻게 해야 하는가? 우리가 그렇게 바꿈으로써 당신의 일이 나아질 수 있는

것을 우리에게 말해줄 수 있겠는가?"이다. 토요타의 근로자들은 실수에 대해 비판을 받는 일이 거의 없다. 근로자의 제안은 진정으로 환영을 받으며 경영자들은 두려움이나 공포 분위기에서는 사람들이 말을 꺼내려 하지 않는다는 것을 이해하고 있다. 이것은 기회가 주어지면 어디서든 일어날 수 있는 일이다. "우리는 사람들에게 기회를 주려고 한다."라고 패드럴익스프레스의 프레드 스미스는 말한다. "그리고 우리는 실패했을 때 처벌하지 않는다. 이것은 최고의 효율성이라는 관점에서 볼 때는 처음에는 대가가 컸다. 그러나 사람들이 자산의 생각과 혁신적인 것들에 대해 자유롭게 말할 수 있다고 느끼게 되자 우리는 수백만 번의 시행착오를 줄일 수 있었다. 만약 실험을 견딜 수 없다면 당신은 두 가지, 즉 성공과 실패를 피하는 것이다."

⑥ 리더는 자신의 약점을 보완해주는 사람들에게 매력을 느껴야 한다. "언제나 당신만큼 또는 당신보다 유능한 사람을 고용해야만 한다.

⑦ 리더는 직원 각각을 고무하고 동기부여를 해야 한다. 월마트의 샘 월튼과 그의 고문인 제임스 캐시 페니는 조직의 모든 사람을 친지로 취급하며 그들 모두를 위한 인센티브 계획(성취도에 따른 급여, 상여금, 이익의 분배, 주식 분배 계획, 훌륭한 아이디어에 대한 상금 제도 등을 포함하는)을 갖춘 판매의 왕국을 건설했다. 개인적

인정은 대단히 효과적인 동기유발 수단이다. 특히 일 년에 한 번 있는 포상 프로그램보다 정기적으로 시행할 경우 더욱 효과적이다. (페니는 자신의 회사 근로자들을 "친지"라고 부른다. 왜냐하면 그는 그들이 자신의 친지라면 그들에게 권한을 위임할 수 있으며 그들은 그를 부자로 만들어준다는 것을 알고 있기 때문이다). "팁(성취를 보장받기 위해)"이라는 단어가 좋은 일을 보장받기 위한 것에서 나왔다는 것을 기억하라. 당신과 함께 일하는 사람을 포상하는 것은 당연한 태도이지 특별한 일이 아니다. 연말까지 기다리지 마라. 지금 당장 시행하라.

새로운 시대의 현란하고 엄청난 변화는 미래는 이제 더 이상 그래왔던 것이 아니라는 오래된 속담을 그 어느 때보다도 실감나게 만들고 있다. 고객에게 상품과 서비스에 있어서 보다 넓은 선택의 기회가 주어지고 정보와 선택에 대한 접근의 기회가 더욱 많아짐에 따라 그들은 더욱 많은 것을 요구하게 되었다. 그리고 그들의 욕구를 충족시키기 위해서는 새로운 종류의 리더십이 필요하게 되었다. 그러한 리더십은 유연하고 유창하며 적응력을 갖추고 있기 때문에 강력하다.

당신은 권위를 만들어야만 한다. 그러나 그 힘은 과정에서 얻어야만 한다. 경쟁은 대체로 운동경기, 사업, 인생에서 필연적이고 또 필요하다. 그것은 노동자들을 보다 높은 목표로 밀어 올리기 위해 격려하는 방식일 때는 바람직하다. 그러나 보다 큰 목표는 개인적인 우수성에 대한 욕구를 충족시킴으로써 성취자를 행복하게 만드는 목표나 목적을 성취하기 위해 천부적인 잠재력을 발전시키는 것이어야 한다. 이것이야말로 당신의 가족과 조직에 스며들게 해야 하는 윤리이며 당신이 자신은 물론 다른 사람을 지도하게 될 때 형성해야 하는 지도력이다.

목적을 위해 수단과 방법을 가리지 않는 것으로 발전하는 경쟁은 우리를 방황하게 만들며 궁극적인 목표가 우리가 할 수 있는 최선을 발견하고 그것을 성취하기보다는 1등이 되는 것이라는 관념에서 나온 경쟁으로 내몬다. 이러한 종류의 경쟁은 대체로 권력과 지배에 대한 충동, 패배에 대한 공포와 연결되어 있으며 다른 사람을 물리치려는 욕구에 뿌리를 두고 있다. 그리고 다른 사람에 대한 관심은 우리로 하여금 자신의 잠재력을 계발하지 못하도록 만든다. 우리는 내적으로 고무되기보다는 외부 지향적이게 된다. 궁극적인 동기(자신감이라는 욕구, 자기 스스로에 대해 만족하고자 하는 강력하고 선천적인 욕구)는 같을 수도 있다. 그러나 순수한 실현은 승리가 아니라 자기 실현이라는 보다 높은 영역에 있어야만 한다.

의사소통 없이 창조는 불가능하다. 가장 발전적인 리더십에 대한 관념조차 건설적인 의사소통 없이는 정상적으로 작동할 수 없다 - 그러면 어떻게 그것을 이룰 수 있는가?

시교만으로는 불가능하다. 우리는 끊임없이 스스로에게 우리가 모두가 승리하는 새로운 관계의 힘이라는 접근 방식보다 직위에 다른 권력이라는 낡아빠진 승자와 패자의 접근 방식으로 활동하고 있는 것은 아닌지를 물어보아야 한다. 우리는 다른 사람들이 우리에게 무엇을 해줄 수 있을 때만 그들에게 관심을 갖는 것은 아닌가? 우리는 우선 자신의 욕구를 충족시키기 위해 이러저러한 관계에 참여하고 있는 것은 아닌가? 우리는 상상하는 보상이 가능할 때만 다른 이들에게 무엇인가를 주고 있는 것은 아닌가?

가장 우수한 커뮤니케이션 기교는 대부분의 사람들을 오랫동안 바보로 만들지 않는 것이다. 그럼에도 불구하고 만약 관계의 실체에 대한 당신의 이해가 확실하다면 경영 커뮤니케이션을 위한 새로운 기술을 배우는 것은 대단히 중요한 차이를 만들어낼 수 있다.

편지 쓰기는 이제 완전히 잃어버린 기술이 되버렸다. 그것은 어느 정도까지는 전화나 팩시밀리, 기타 여러가지 현대적 커뮤니케이션 장비에 의해 대체되었다. 귀 기울여 듣기 역시 잃어버렸지만 반드시 되살려내야만 할 기술이다. 극소수의 사람들만이 다른 사람의 말을 진심으로 귀 기울여 들을 뿐이다. 보통 사람들은 다음에 자신들이 말하기를 원하는 것을 생각하느라 너무 바쁘기 때문이다. 업무 상의 대화에서 명료한 의사소통은 때때로 힘겨루기, 한쪽의 지배적인 태도, 표현하기보다는 강한 인상을 주려는 의도 때문에 왜곡되기도 한다. 개인적인 삶과 마찬가지로 일에 있어서도 어떻게 듣는가는 최소한 어떻게 이야기할 것인가

만큼은 중요하다. 다른 사람이 말하기를 원하는 것을 열성적으로 듣는 것은 보다 많은 판매가 이루어지게 하고 보다 많은 상담을 밀접하게 만들며 보다 큰 생산성을 확보할 수 있게 해준다. 비록 그들의 요구를 충족시키는 것이 언제나 필요하고 또 가능하지는 않더라고 그들을 이해하는 것이야말로 관계를 공고하게 만드는 수단이다.

귀 기울여 듣는 것에 가치를 부여하지 않은 것은 마치 "너는 나에게 중요하지 않아"라고 말하는 것과 같다. 결과는 생산성을 감소시키고(나는 여기에서 중요하지 않아. 그런데 왜 내가 충성심을 다 바쳐야 해?), 근로자의 이직율을 높이며(내가 하찮게 취급되는 데서 일할 사람이 어디 있어?), 고의적인 결근(나는 수레바퀴의 살에 불과해. 내가 실수할 때만 눈에 띄거든), 해고, 판매 감소(그들은 내가 필요로 하는 것을 이해하지 못하는 것 같아), 상담에 매달리게 됨(나는 도저히 그 사람들에게 접근할 수가 없어. 마치 벽을 보고 이야기하는 것 같은 기분이야)으로 이어지게 된다. 열성적으로 귀 기울여 듣는 것은 다루기 힘든 문제로 생각되던 것들의 치료 범위를 놀라울 정도로 넓혀준다.

"연기는 반응이다"라고 유명한 연극 연출가는 말한 적이 있다. "그것은 입이 아니라 귀로 하는 것이다." 일반적인 믿음과는 달리 듣기(적어도 질을 갖춘 듣기)는 수동적이 아니라 적극적인 활동이다. 어쩌면 당신은 뛰어난 관찰과 재치 있는 말로 주목을 받을 만큼 영리할 수도 있다. 그러나 당신이 사람들로 하여금 진정으로 당신에게 관심을 갖게 하기를 원한다면 그들에게 중요한 것에 대해 이야기하라. 커뮤니케이션에 있어 가장 공통적으로 범하는 실수는 자신, 스스로에 대해 이야기하는 것이다. 내가 팔기를 원하는 것은 무엇이며 내 부모들이 필요로 하는 것은 무엇이며, 나는 이 직업을 좋아하는데 그 이유는 무엇이다. 이런 흥미 없는 것들 대신에 다른 사람의 욕구에 초점을 맞추라. 당신은 그 또는 그녀 또는 그들의 조직을 어떻게 도울 수 있을 것인가?

그리고 귀 기울여 들어라. 당신이 얼마나 흥 미있는 인간인가을 보여줌으로써 20주에 걸쳐 사귈 수 있는 사람보다 그들에게 관심을 보임으로써 사귈 수 있는 친구가 더 많다는 말은 옳다.

다음은 보다 나은 커뮤니케이션을 위한 12가지 비결이다.

① 먼저 자신을 소개하라. 직접 만나든 전화로든 먼저 당신의 이름을 말하라. 대화 중에 당신이 이야기하고 있는 사람을 궁금하게 만드는 깃보다 더 정신을 산란하게 만드는 것은 거의 없다.

② 훌륭하고 신뢰가 가는 악수를 개발하라 - 여자도 남자와 마찬가지다. 주도권을 잡아라. 먼저 손을 내밀어라.

③ 처음 만나는 사람의 이름을 기억하는 것은 당신이 그 사람에게 줄 수 있는 가장 분명한 선물 가운데 하나다. 소개하는 동안 주의를 기울였다가 즉시 무슨무슨 씨, 만나서 반갑습니다"라는 식으로 반복하라. 만약 이름을 충분히 알아듣지 못했다면 사과한

다음 다시 앞처럼 행동하라. 다른 사람은 이런 "곰꼼하고" 열정적인 태도에 깊은 감명을 받을 것이다.

④ 대화를 나누는 동안 눈으로 접촉하라. 다른 사람의 눈을 정면으로 쳐다보는 것은 당신이 말하는 것에 대한 당신의 자신감과 다른 사람의 관찰에 대한 당신의 관심을 전하는 것이다.

⑤ 다른 사람으로 하여금 당신과 대화를 나누는 것이 즐겁게 느껴지도록 만들어라. 상대방이 듣기 좋은 소리를 하라. 그 사람의 관심사에 대해 질문을 던져라. 다른 사람이 화제를 끌어낼 수 있도록 도움으로써 그가 당신과 대화를 기쁘게 생각하게 하라.

⑥ 적극적으로 이야기하라. 적극적인 겉모습은 전염된다. 만약 당신이 자신의 일, 하루, 생활, 독서, 기타 여러 가지 관심사에 대한 즐거움을 공유할 수 있다면 당신과 사귀는 데 적극적인 사람들을 발견할 수 있을 것이다. 마찬가지로 당신에게 문제가 있다고 느낄 때에도 불평하거나 그것에 매달리는 것을 피하라. 부정적인 태도는 사람들을 끌어내린다. 그들도 그들 나름대로의 문제를 가지고 있다. 그들이 직접적으로 문제의 해결에 개입되어 있지 않은 이상 그들에게 부담을 주지 마라.

⑦ 판단의 자유를 배워라. 당신이 말하는 모든 것이 다른 사람에게 반복하기 위한 것은 아니다. 사람들에게 그들이 스스로 자신을 갖고 당신을 믿을 수 있도록 안도감을 주어라.

⑧ 자기 중심적인 태도보다는 오히려 봉사하는 자세를 취하라. 사람들은 자신의 관심사에 대한 순수한 흥미를 느낄 수 있으며 그것을 표현하는 사람에게 끌린다. 역으로 사람들은 다른 사람이 오직 자기만의 관심사를 가슴 속에 품고 있다고 느낄 때는 불편해하기 마련이다.

⑨ 특히 상대방이 직업이나 경험과 관련된 문제로 고민할 때는 충분한 관심을 기울임으로써 그 사람이 스스로를 중요하게 느낄 수 있도록 배려하라. 다른 사람의 관심사를 당신의 가장 잘 드러나는 모습으로 삼는 것은 지성과 동정을 위한 존경심을 불러일으킬 것이다.

⑩ 다른 사람이 말한 것을 충분히 이해했다고 확신시켜라. 오해와 잘못된 해석은 직업 상 골치 아픈 문제만을 야기할 뿐이다. 다른 사람이 말한 의미를 파악했다는 것을 확실히 하기 위해 그가 말한 것을 당신의 말로 되풀이하고 정확하게 이해했는지 확인해보라. 그 사람은 당신의 관심에 대해 깊은 인상을 받을 것이다.

⑪ 모임과 약속에 늦지 마라. 늦게 도착하는 것은 "이것은 나에게 중요하지 않다"라고 말하는 것과 같다. 만약 당신이 통제할 수 없는 상황으로 인해 다른 사람을 기다리게 할 수밖에 없었다면 정직한 설명과 함께 도착 예정 시간을 전화로 미리 알려라. 그것

은 당신의 지각에 대한 당혹감 대신 배려에 대한 존경심으로 이
어질 것이다.

⑫ 다른 사람의 의견에 동조하라. 다른 사람이 보는 것처럼 세상을
이해하려고 노력하라. 그리고 그들의 차이와 욕구에 대해 좀더
민감해지고 열린 마음을 가져라. 다른 사람이 자신을 보는 것처
럼 스스로를 보기 위해 애써라. 어떻게 하면 자신을 위해 일을
좋아할 수 있을까? 만약 내가 나의 상관이라면 어떻게 해야 내
업무를 좋아할 수 있을까? 어떻게 사람들을 만날 것인가를 이해
할 때 당신은 훨씬 더 효과적인 의사소통자가 될 것이다.

훌륭한 커뮤니케이션의 핵심적인 비결은 모든 사람들의 가장 근본
적인 욕구 가운데 하나를 충족함으로써 다른 사람을 당신의 옆자리에
데려다 놓는 것이다. 그 사람이 가치 있는 존재로 느낄 수 있도록 하라.
극소수의 예외적인 경우를 제외하고는 스스로에게 가치를 느끼는 사람
들, 그들이 인정받고 있다는 의미에서 스스로에게 중요성을 부여하는
사람들은 개방적이고 협조적이며 상호 존중하는 태도로 대답한다.

말하는 사람은 아무것도 배우지 못하지만 듣는 사람은 엄청나게
많은 것을 배운다는 것을 이해하고 만나는 모든 이의 이야기에 귀를 기
울이는 적극적인 듣는 사람이 되라. 설령 그들이 하는 이야기가 당신의
의견과 맞지 않는다 해도, 심지어 말하는 사람이 너무나 할 이야기가 많

아서 어리석고 무식해 보여도 열린 마음으로 주의 깊게 귀를 기울여라. 잘난 척하지 않는 태도로 질문을 던져라. 사람들로 하여금 자신에 관한 이야기를 하게 함으로서 당신이 진심으로 칭찬할 수 있는 그들의 특성을 발견하도록 애써라. 그들의 반응이 어떨 것이라고 마음대로 억측하거나 그들의 마음을 읽으려고 하지 마라. 모임에서 낯선 사람을 만나게 될 경우 아무리 안정되어 보인다 해도 거의 대부분의 사람들이 거부나 이용 당하는 것에 대한 두려움을 가지고 있다는 것을 미리 알고 자신 있는 태도를 취하라.

<10장>

지식

knowledge

지식
knowledge

❖

    당신의 모델은 말할 것도 없이 컴퓨터나 계산기도 없이 사업을 하는 사업가이다. 팩시밀리나 음성 사서함, 자동 응답기, 야간 특송도 이용하지 않는다. IBM 계산기로 이루어지고 있는 당신의 일은 복잡하게 고치는 과정과 수정액으로 이루어지며 고칠 것이 지나치게 많을 때는 전체를 새로 작성해야 한다. 당신 사업의 모든 기록을 보내야 할 경우 사흘에서 닷새가 걸린다. 왜냐하면 당신은 우체국 신세를 지는 이외의 다른 도리가 없기 때문이다.

    불과 10년 전만 해도 우리 가운데 상당수는 컴퓨터 사용이라는 위협과 싸웠다. 사람들은 자존심이 있는 사람이라면 기계에 대고 이야기하지 않을 것이라고 주장하면서 자동응답기를 설치하는 것에 반대했었다. 사람들은 팩시밀리도 필요하지 않다고 말했었다. 야간 특송에 대해서는? 지나치게 비싸다, 왜 그렇게 서둘러? 왜 쓸데없는 일에 돈을 낭비해?

    지금 사람들은 정보고속도로에 대해서 마찬가지로 주저하는 태도를 보이고 있다. 사람들은 그것이 무엇인지 잘 모르겠다거나 또는 그것의 필요성을 느끼지 않는다고 말한다 - 어떤 경우 두 가지 이유를 다 내

세운다! 그러나 어느새 21세기의 중반으로 가는 길목에서 지금까지 당신의 시간을 잡아먹어야 했던 불필요한 잡무의 상당 부분을 줄여줄 전자장비 없이 어떻게 살아남을 수 있을지 다시 생각해야 할 것이다.

　오늘날 새로운 정보기술을 포용하는 사람들은 대단히 중요한 사고의 전환을 시작한 것이다. 그러나 새로운 정보기술이란 정확하게 무엇인가? 어떤 이들은 전 세계 어는 곳에서나 순식간에 전자우편과 파일을 주고 받을 수 있게 해주는 방대한 컴퓨터망인 인터넷이라고 말한다. 또 다른 이들은 전화, 컴퓨터 시스템을 통합시켜 주는 전자 네트워크라고 믿고 있다. 실제로는 이 두 가지를 포함함은 물론 그 이상이다. 그것은 컴퓨터, 전화, 데이타 네트워크, 케이블 텔레비전, 인공위성, 광통신망, 소프트웨어를 포함한 모든 이용 가능한 정보 매체의 통합이다.

　이런 분리된 기술들은 바야흐로 서서히, 어떤 경우에는 매우 빠른 속도로 통합된 서비스로 합쳐지고 있다. 통찰력을 지닌 일군의 사람들은 이미 그것을 이용하고 있다. 현재 많은 기업에서 이루어지고 있는 급격한 다운사이징과 라이트 사이징을 포함한 리엔지니어링은 관리 업무의 상당 부분을, 특히 중간관리업무를 없애가고 있다. 그러나 한때 기업 운영에서 중요한 역할을 담당했던 사람들은 작은 회사를 만들어 대기업들이 점차 온라인 통신수단으로 전환하는 것을 지원하고 있다. 그들 가운데는 컴퓨터 때문에 직장을 잃거나 그것에 위협을 받았던 사람들이 상당수 포함되어 있디.

이들 새로운 기업가들은 집이나 소규모 사무실 근처에서 업무 통합을 위한 서비스를 제공하고 있다. 화상회의는 이제 비용이 많이 드는 출장 여행을 대신하는 편리하고 간편하며 비교적 비용이 적게 드는 방법으로 받아들여지고 있는 추세이다. 전국에 있는 수백 개의 상점과 직접 접촉하기 위해서 이제 당신은 출장을 가야 하는 대신 근처의 킨코(Kinko)' 점포에 가면 된다. 컴퓨터에 영어로 이름을 붙인 수학자와 엔지니어들은 컴퓨터의 주 이용 목적을 자신들의 분야와 연관지어 생각했다. 그러나 프랑스어 ordinateur, 즉 조직하는 기계가 컴퓨터의 더 적합한 이름이다.

마셜 맥루한은 20세기에는 엄청나게 많은 것들이 새로 등장할 것이며 그 대부분은 벽에 플러그를 꽂는 것일 것이라고 통찰력 있게 예견했다. 우리가 플러그를 꽂는 모든 것들(컴퓨터, 전화, 팩시밀리, 라디오, 텔레비전 수상기, 브이시알, 심지어 주방용기까지)은 통합된 정보 기기로 변하고 있다. 얼마 지나지 않아 하나의 장치가 이러한 모든 기능 이상의 기능을 수행할 것이다. 신용카드, 의료기록, 자동차등록증, 운전면허증 등도 하나로 통합될 것이다. 일부 과학자들은 우리의 모든 의료 기록이 입력되어 있는 하나의 작은 카드를 상상하기도 한다. 교통사고가 일어날 경우 항상 쓸 수 있도록 그 카드는 자동차 열쇠로도 사용하게 만들어져야 한다는 의견이 제시되기도 한다. 그 카드를 자동차 계기판에 있는 슬롯에 집어넣으면 좌석과 핸들, 백미러 등이 개인의 인간공학적 정보에 맞춰 조정된다.

이러한 모든 기술은 현금자동출납기용 은행 카드와 마찬가지로 보편화될 것이다. 전국을 돌아다니는 상당수의 세일즈맨들이 기차 대신 자동차를 이용함으로써 경쟁자들을 물리칠 수도 있을 것이다. 그들은 기차 노선과 시간표로부터 해방됨으로써 지금까지 쉽게 들르기 어려웠던 "중심지에서 벗어난" 작은 마을에까지 서비스를 제공할 수 있게 되었다. 기술의 확산에 따라 마찬가지 일이 앞으로 몇 년 안에, 몇 년 동안에 일어날 것이다. 이미 몇몇 혁신적인 사람들은 엄청난 새로운 가능성을 향해 앞으로 달려나가고 있다.

정보고속도로는 현대에 있어서 구텐베르그의 최초의 출판과 비견할 정도의 중요성을 지닌다. 우리는 이제 지식과 아이디어라는 역사상 가장 중요한 변화의 문턱에 서있다. 누가 이 지적 재산을 소유하게 될 것인가? 그것은 어떤 방식으로 대가를 요구할 것인가? 정보의 상호작용은 어떻게 감시되고 보장될 것인가? 그것은 아직 확실하지 않다. 그러나 한 가지는 분명하다. 이런 새롭게 전자식으로 전송되는 정보(성공은 물론 생존에 반드시 필요한 정보)를 읽을 수 있는 사람들과 같이 일하지 않을 경우 지불해야할 대가를 감당할 수 있는 있는 회사는 거의 없을 것이라는 것이다.

새로운 시스템의 핵심은 아주 작은 마이크로 프로세서이다. 이것은 정교한 소프트웨어와 광레이저가 결합된 것으로 정보 시대를 열었다. 이 기술은 정보 자체는 물론 정보 통제 시간을 훨씬 줄여주었다. 이것은 또한 당신의 삶을 보다 편리하게 만들어줄 것이며 보다 많은 자유를 줄 것이다. 자동응답기와 음성사서함이 당신을 짜증스럽게 만들었을 수도 있다. 그러나 그것을 사용하지 않는 것은 사람이 직접 대답할 때까지 당신 스스로 엄청나게 많은 전화를 해야 한다는 것을 의미한다.

정보 기술이 반드시 정보 과부하를 의미하지는 않는다. 실제로 그것은 당신이 받게 될 정보를 보다 쉽게 통제할 수 있도록 해준다. 당신은 우편함을 채우는 쓰레기를 피할 수 없으며, 각각을 뜯어 보아야만 처리할 수 있다. 전자우편의 경우 컴퓨터는 당신이 응답해야 할것을 선별해 줄 수 있다. 익숙한 신문 역시 쉽게 이용할 수 있다("우리 회사에 대해 매일 전세계에서 보도되는 모든 내용을 뽑아달라, 또 추악한 인간, 우주비행, 시애틀 마리너 호, 갱스터 랩 그룹에 관한 모든 기사를 뽑아내라" 등). 기사 선별 시스템은 특정 내용을 선별적으로 뽑아내서 읽어줌으로써 당신으로 하여금 특정 신문을 숙독하거나 책방에서 이것저것 읽는 식의 즐거움을 제공해 줄 것이다.

지금 유행하는 디지털 통합(digital convergence)이라는 표현은 새로운 발전의 방향을 암시해주고 있다. 새로운 경제에서는 전자적 결합이 대부분의 산업, 직업, 무역을 적어도 한 측면에서는 밀접하게 묶어줄 것이다. 제품 생산을 1과 0이라는 컴퓨터 언어로 전산화하는 것은 그 작업을 개념화하는 혁명적인 방법을 낳는다. 자종차 메이커, 은행, 의약품,

소매업, 예술, 영화, 출판, 항공산업의 전문가들은 틀림없이 이러한 컴퓨터 공통 언어가 자신들의 대화에서 불꽃을 튀기는 것을 발견하게 될 것이다. 이것은 다시 관련 산업의 도전을 다루기 위한 새로운 아이디어를 자극하게 될 것이 틀림없다.

어떤 이들은 변화가 훨씬 더 크게 진행될 것이라고 믿고 있다. 학자들은 최근 "직업" 자체가 사라질지도 모른다고 예측한다. 그 예측에 의하면 미래에 일은 '직업 이후의 조직'의 시장 중심형 프로젝트에 의해 할당될 것이라는 것이다. 다시 말해서 시장의 요구를 평가하고 의견을 나누고 그것에 부응하는 엄청나게 발전된 능력은 판매자와 구매자, 고객과 공급자 사이의 직접적인 상호관계라는 방식을 열어줄 수 있을 것이다. 그것은 정보을 수집해 명령의 형식으로 전달하는 기업의 낡은 작업 방식을 대체하게 될 것이다.

만약 그것이 실현되면 직업, 전통적인 양식의 직업의 소멸은 틀림없이 이루어질 것이다. 그러나 이런 급격한 변화에 작용하는 새로운 기술은 대단히 정교하다. 기술을 운영할 통찰력과 기능을 갖춘 새 기술로 무장하고 스스로 생각하고 행동하는 개인이나 집단에 의한 이러한 변화는 상상할 수 없을 정도로 과격할 것이다. 1960년대 제너럴모터스의 조직은 복잡한 아날로그 대형 컴퓨터 같았다. 이 새로운 시대에 있어 모델 조직은 우리의 정보 네트워크 구조를 반영한다. 그것은 계단형이 아니라 거미줄 모양이다. 가장 큰 차이는 다음과 같다. 계단형 구조에서는 직함이나 지위가 권력을 결정한다. 반면에 거미줄 구조에서는 당신이 아는 정보나 사람이 권력을 결정한다. 앞에서 본 것처럼 관계가 가장 중요하다.

미래의 고위 경영자들은 보병 부대를 지휘하는 연대장보다는 오케스트라를 지휘하는 지휘자처럼 기술자와 장인, 과학자를 안내해야 할 것이다. 지도자의 가장 중요한 기능은 가치, 전략, 목표라는 명확한 이상을 제시함으로써 사람들을 고무하고위기 관리자 가운데 진짜 위기 관리자가 되기 위해 업무에 대해 정확하게 아는 것이다.

역사는 보다 큰 축을 중심으로 되풀이된다. 18세기 중반 산업혁명이 시작되었을 때만 해도 아무도 그 엄청난 경제적, 사회적 그리고 삶의 스타일의 변화를 예측하지 못했다. 이러한 변화는 안정적인 농업 및 소규모 상업사회가 보다 분업화되어 굉장히 많은 기계와 상품을 생산하는 대규모 공장 중심의 사회로 탈바꿈하는 것으로 이어졌다. 그때까지 대부분의 사람들은 토지에 의지해 간신히 살아가고 있었다. 대부분 손으로 쓰는 도구를 이용했으며 가장 부유한 사람 가운데 일부만이 동물의 힘을 이용해 농사를 지었다. 주로 증기와 기계를 이용하는 새로운 산업 기술의 도입은 도시의 급격하고 놀라운 성장과 들판과 초원으로부터 인구 유입이라는 최소한의 것 이외에도 삶을 혁명적으로 변화시켰다.

산업혁명의 충격이라는 경험을 가지고 있기 때문에 우리는 현재 진행되고 있는 혁명의 성격과 범위를 개략적으로나마 예측할 수 있다는 것은 정확하다. 우리는 바야흐로 모든 사회가 일해온 방식을 영원히 바꿀 역사적인 순간에 발을 들여놓았다. 이제 멋진 신세계가 펼쳐질 것이다. 그것은 과거에는 공상과학소설의 환상처럼 보였던 발명품과 힘을 지닌 기술에 의해 이루어지고 있다. 기회는 무한하다. 그러나 이 중요한 순간이 함축하고 있는 의미를 파악하는 데 실패할 경우 그 대가는 가혹하다. 만약 온라인 상에 있지 못할 경우 당신은 순식간에 무료 식사배급을 받는 줄에 서있게 될 것이다.

　　그러나 기술이 전부는 아니다. 오히려 새로운 기술은 그것이 인간의 살아가는 방식과 욕구에 대한 이해에 바탕을 두거나 결합되지 않으면 경제적, 사회적 가치가 거의 없다고 할 수 있다 - 새로운 기술은 특히 인간의 권리에 대한 상당한 발전과 소비자 중심주의가 위세를 떨치고 있을 때에 등장했다. 다시 말해서 새로운 기술은 인간에 대해 보다 관심을 기울이지 않을 경우 대체로 기업이나 사회 안에서 성공을 거둘 수 없다.

　　이러한 모든 것은 당신이 자신의 사명이 무엇인지, 목표가 무엇인지, 시장과 고객에서 당신이 목표로 삼고 있는 사람들이 누군인지에 대해 정확하게 알고 있지 못하고 정보고속도로를 타는 것은 망각으로 통하는 값비싼 대가로 이어진다는 것을 의미한다. 그렇다. 당신은 정보고속도로를 타거나 아니면 오래된 국도변에 구 모델을 세워놓고 죽어야만 한다. 그러나 당신이 적절한 차를 적절한 속도로 타고 있다고 확신하지 못한다면 무조건 그것을 타는 것이 좋은 것만은 아니다.

그것은 우리로 하여금 인간이라는 요소로 되돌아가게 해준다. 그것은 인간 제일주의라고 부르고자 한다. 리엔지니어링을 시도하는 어떤 경영자들은 최고 우선순위가 최첨단 정보 시스템을 설치하는 것이라는 믿음으로 회사를 궤도에서 벗어나게 하는 경우가 있다. 그들이 이해하는 것처럼 이것은 세계적인 경쟁에의 힘든 적응이라는 면에서 가장 중요한 일을 가장 먼저 하는 것이다. 그러나 사실상 가장 중요한 리엔지니어링은 시스템보다 사람과 더 밀접한 관계가 있다. 다른 말로 표현하자면 혁신은 기술보다는 문화적이어야만 할 필요가 있다. 인간 자본에 대한 투자가 첨단 기술 자본에 대한 투자에 선행되어야만 한다는 것을 파악하기도 전에 수백만 달러가 값비싼 MIS(management information system 경영정보시스템)와 하드웨어에 낭비되어 왔다.

새로운 시스템, 특히 정보 시스템이 꼭 필요한 것은 아니라고 주장하는 것은 아니다. 따뜻하고 인간적 접촉이 원활하게 이루어지며 고객에 초점을 맞춘 회사나 개인이 되는 것으로 세계적인 정보 네트워크에 대한 접근을 제공하는 기술에 대한 투자를 피할 수 있다고 믿는다면 그것은 치명적인 잘못이다. 나는 만약 온라인 상에 있지 않을 경우 무료급식 줄에 설 수밖에 없다는 말을 되풀이하는 것에 대해 사과하지 않으려 한다. 초등학교 1학년인 아이들이 당신이나 부모보다 훨씬 능숙하게 컴퓨터를 다루고 인터넷에 접속한다는 사실이 기쁘거나 즐거울지도 모른다. 그러나 정말 놀라고 싶다면 후진국이라고 알려진 나라들을 방문해 보라. 거의 모든 사람이 이동전화를 가지고 있는 것 같다. 어떤 나라에 서는 너무 많아 음식점에 들어갈 때는 코트처럼 보관해야만 한다. 보다 더 중요한 점은 개발도상국의 거의 모든 어린이들은 - 적어도 대도시의 경우에는 - 컴퓨터에 익숙해지고 있다는 것이다. 이것은 미래에 성공할 사람이 누구이고, 증기선 시대에 범선을 타고 여행하도록 선고된 것처 럼 뒤에 처질 사람이 누구인지를 결정하는 중요한 요소다.

강력하게 성공적인 회사는 기술적 숙련도와 인간적 기술 두 가지 를 모두 갖추어야만 한다. 그 두 가지를 갖추지 못할 경우에 조만간 아래 로 가라 앉게 될 가능성이 높다. 만약 당신이 첨단 기술을 갖추는 것으 로 세상을 쉽게 살아갈 수 있다고 믿는 (전자 마술만으로 고객 만족에 필요 한 것을 제공할 수 있다고 믿는) 기술 맹신주의자라면 유감스럽게도 하늘 의 도움이 필요할 것이다. 개도국들은 기술과 인간적 접촉의 결합이 필 요하다는 것을 분명하게 인식하고 있다. 기술 만능주의자와 같은 사고 방식이 늘고 있음에도 불구하고 그들은 당신을 언제까지나 평생 동안의 고객으로 모시겠다는 태도를 지닌 친절하고 헌신적인 집사처럼(어쩌면 오랫동안 그들을 그렇게 가르친 것처럼) 행동한다. 따라서 이것이야말로 가 장 중요한 역설적 명제 중 하나다.

당신은 최첨단 기술을 연구하는 회사처럼 생각해야만 한다. 그러 나 최고로 인간적인 접촉을 통한 서비스를 제공하는 회사처럼 행동해야만 한다.

우수성과 뛰어난 소질이 보다 나은 교육과 개선된 인프라구조, 우수한 기술에 대한 엄천난 투자를 요구한다는 것은 너무나 당연하다. 승자는 장기간에 걸친 결과를 약속하는 적극적인 활동에 몰입하며 패자는 단기간의 즐거움에 매달린다. 당신은 인생에서 대가를 치르는 것만을 얻을 수 있다. 그것이 왜 오랜 시간에 걸친 미래에 대한 투자와 당신이 얻을 수 있는 우수성 사이의 상관관계가 때때로 왜 그렇게 강력한가를 설명해준다. 상품을 생산하고 미래의 서비스를 개선해줄 산업과 기술의 연구와 발전에 투자를 하지 않고는 우리는 현재의 생활 수준을 유지할 수 없다.

교육과 높은 동기와 숙련된 노동력 없이 우수한 질의 제품을 제조한다는 것은 불가능하다. 다시 말해서 투자 없이는 불가능하다. 투자는 가격보다 가치를 보고 투자하는 것과 비슷하다. 즉 강한 인상을 주고 흘러가버리는 것이 아니라 오래 지속되는 가치를 보고 물건을 사는 것과 비슷하다. 맞춤 양복은 좋은 재료로 만들어져 고전적이고 오래 지속되는 스타일을 유지한다. 그것은 또 당신의 몸에 맞췄기 때문에 더 오래 입을 수 있다. 물론 그것은 더 비싸다. 그러나 두세번 다림질 뒤에 후줄근해지는 싸구려보다 50번 이상 드라이크리닝을 한 후에도 여전히 좋은 모양을 유지하고 있다. 진짜로 싸게 사는 것은 진정한 투자를 요구한다.

금은 수세기 동안 대양의 바닥에서도 부서지지 않기 때문에 비싸다. 다이아몬드 역시 파괴되지 않기 때문에 비싸다. 만약 당신이 자신을 위해 낙하산을 산다면 그것을 할인점에서 살 것인가? 당신이 사는 모든 제품이나 서비스를 낙하산으로 생각하고 실패율과 제조업자의 보증에 대해 꼼꼼히 검토하라. 그리고 가능하다면 '컨슈머 리포트'를 참고하라. 심장 수술을 받아야할 필요가 있다면 당신은 당연히 성공한 적이 있는 자격을 갖춘 존경받는 의사를 찾을 것이다. 모든 구매와 생활의 모든 부분에서 마찬가지로 품질을 구하라. 전문가의 조언이 필요하다면 증명된 실적이 있는 경험이 풍부하고 잘 훈련된 사람을 찾아가라. 그리고 그의 배경을 꼼꼼히 조사하라. 소위 전문가의 상당수는 내용보다 스타일을 중요시하고 카리스마를 지닌 프로 세일즈맨에 불과하기 때문이다. 기계를 살 때는 여유가 있는 한 최고의 제품을 사라. 그것이 결국 싸게 사는 것이다.

인간관계를 발전시켜 나갈 때 질과 시간, 에너지와 창의력으로 그것에 투자하라. 당신의 시간을 정말 중요한 사람과 보내라. 인간 관계에서도 마찬가지로 성공은 투자를 요구한다.

다음과 같은 질문에 스스로 대답을 작성해보는 것은 결과의 질을 개선하는 데 도움이 될 것이다.

① 나는 품질을 어떻게 정의하는가?
② 나는 품질을 어떻게 측정하는가?

③ 나는 품질을 확보하기 위해 시간과 돈을 투자할 준비가 되어 있는가?

④ 처음으로 그것을 적절하게 처리하기 위해 얼마의 비용이 드는가?

⑤ 처음으로 그것을 적절하게 처리하지 않음으로써 얼마나 손해를 볼 것인가?

⑥ 나는 결점을 감추는 행동으로 질 낮은 서비스와 품질을 감추려고 하지는 않는가?.

⑦ 나는 도매상이나 공급업자에게 품질을 요구하는가?

⑧ 내 조직의 모든 사람들이 공통적으로 품질의 개선에 참여하는가?

⑨ 품질이야말로 모든 사람들에게 이익이 된다는 것을 확인하기 위해 나는 무엇을 할 수 있는가?

⑩ 나는 오늘 고객의 문제를 해결하고 그 과정에서 그를 기쁘게 하기 위해 시간을 단축하고 필요한 단계를 축소하게 만들어줄 어떤 일을 할 수 있는가?

이러한 질문에 대한 당신의 대답은 리엔지니어링 프로그램이나 시스템 개발, 처리 과정 매뉴얼, 불량율 제로 정책만큼 가치가 있다. 새로운 경제에서 승자와 패자를 구별해주는 것은 존경할 만한 제품의 품질이다. 경쟁자들은 언제나 당신의 기대보다 더 많이 일한다.

정보고속도로에서 죽는 대신 부드러운 운전자가 되기 위해서는 다음과 같은 명제를 표지판처럼 거듭 읽어야 한다.

"당신은 최첨단 기술을 연구하는 회사처럼 생각해야만 한다. 그러나 최고로 인간적인 접촉을 통한 서비스를 제공하는 회사처럼 행동해야만 한다."

고객은 결국 고용주다. 어떤 의미에서는 새로운 군주다. 이것이 현실이다.

<〈11장〉>

기술

skills

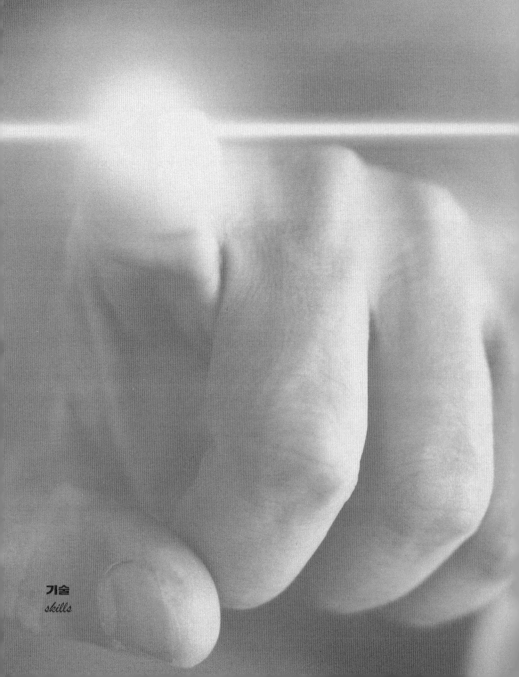

기술
skills

❖

독수리는 집중력이 부족한 인간에게 쉽게 리더십을 가르칠 수 있을 것이다. 알을 낳을 때가 되면 암독수리는 높은 산에 횃대를 설치하고 적절한 재료를 골라 주도 면밀하게 둥지를 준비한다. 암독수리는 대단히 기능적인 머릿속 청사진에 따라 세심하고 열심히 일을 한다. 새끼들이 태어나면 어미 독수리는 사실상 거의 모든 시간을 새끼들을 돌보는 데 바친다. 어미 독수리는 새끼들이 적절한 영양를 섭취할 수 있도록 물고기나 작은 사냥감을 잡아온다. 새끼들의 유일한 임무는 자고 먹을 것을 달라고 지저귀는 것을 제외하고는 무럭무럭 자라는 것이다.

둥지 흔들기 : 새끼들이 준비가 되었다고 느끼면 어미 독수리는 둥지를 흔들어 새끼들에게 경보를 보낸다. 어느날 아침 어미는 먹이 없이 밖에서 돌아온다. 어미 독수리는 둥지의 가장자리에 앉아 날카로운 부리로 둥지를 쪼개 절벽 아래로 떨어뜨린다. 부서진 둥지의 덩어리가 수백 또는 수천 미터 아래의 절벽으로 떨어지는 것을 보면 새끼들은 공포에 질려 서로 쳐다본다. 가장 수다스러운 놈은 이렇게 말할지도 모른다. "봐, 오늘 엄마 얼굴이 이상하다고 말했잖

아!" 어미 독수리는 자신이 그렇게 지성과 기술을 다해 만들었던 둥지를 몇 시간 동안 계속 쪼아 산산조각을 내버린다. 지금까지 새끼들에게 완전한 안전을 제공하던 것이 이제는 무척 불편한 장소가 되버린다.

편안한 둥지는 의존적인 새끼를 길러낸다. 인간 리더들은 자신의 가정의 둥지와 일하는 장소가 젊은이들의 도전 욕구를 없앨 정도로 안락하고 모든 것을 제공하는 장소가 되지 않도록 세심하게 보살펴야만 한다. 친지와 아이들을 의존적이 되도록 만드는 것은 그들의 날개를 자르는 것과 같다.

역할 모델링과 조언하기 : 둥지를 흔든 다음 어미 독수리는 새끼들 위에서 헬리콥터처럼 날개를 펄럭거리기 시작한다. 새끼들이 유심히 지켜보는 동안 어미는 둥지에 앉아 날카로운 부리를 허공으로 내민다. 계곡으로부터 바람이 불어오면 깃털을 곤두 세우고는 바람이 돌풍으로 바뀔 때까지 균형을 잡는다. 그 다음에 완벽한 역할 모델인 어미는 스스로 바람 속으로 뛰어든다. 바람의 끝을 타고 어미는 새끼들 위로 떠오른다. 독수리를 제외하고는 어떤 새도 이렇게 할 수 없다. 속이 텅 빈 뼈를 가진 독수리만이 이렇게 높이 날 수 있고 또 허공에 둥실 떠있을 수 있다. 아직 항공역학을 충분히 터득

하지 못했음에도 불구하고 새끼 독수리들은 바람이 그들의 비행을 도와준다는 것을 배우게 된다,

몇 차례 시범을 되풀이한 후 어미는 새끼들의 시계 끝으로 날아가 버린다. 새끼들은 잠시 망설인다. 개중에는 다른 놈들보다 더 오래 망설이는 놈들도 있다. 그리고는 드디어 날기 시작한다.

오리처럼 걷는다면 그것은 아마 오리일 것이다. 오리처럼 보이고 오리처럼 걷고 오리처럼 꽥꽥거린다면 아마 그것은 오리일 것이다. 독수리처럼 떠있고 독수리처럼 보이고 독수리처럼 난다면 그것은 독수리일 것이다.

당신의 인생도 습관의 패턴에 지배된다. 반복에 반복을 거듭한 후 당신은 자신이 보고 흉내내고 배운 것으로 자신의 정체성을 형성한다. 그것이 당신이 행동하는 방식이다. 의미 없는 반복, 관찰과 믿음이라는 의도없는 거미줄이 패턴으로 바뀌고 그것이 다시 당신의 인생을 구속하고 굳건하게 만드는 끊어지지 않는 끈이 된다.

변화의 규칙은 다음과 같다.

규칙 1: 아무도 당신을 변화시킬 수 없으며 당신도 다른 사람을 진정으로 변화시킬 수 없다. 당신은 자신의 욕구를 인정하고 문제를 부정하지 말고 자신의 변화에 대한 책임을 받아들

어야만 한다.

프로그램을 받아들이기 위해서는 요청서를 반드시 만들어야 한다. 이것은 지원자가 왜 그 프로그램을 필요로 하는지 그리고 어떻게 그것을 준수해나갈 것인지를 명확하게 진술한 것이다.

규칙 2: 습관은 파괴되지 않고 대체될 뿐이다. 과거의 습관 위에 새로운 행동 패턴을 덧씌움으로써 이루어진다. 이것은 보통 1, 2년이 걸린다.

습관(흡연, 마약, 기타 여러 가지 좋지 못한 버릇)을 변화시키기 위해서는 먼저 20-30일 비법이나 60일 다이어트법, 먹으며 살 빼는 법 따위를 잊어 버려라. 그리고 제작 시간 엄수와 총체적 품질관리는 말할 것도 없고 우수성과 높은 생산성을 이루기 위해서는 60일 또는 90일, 심지어 120일 프로그램 같은 것은 잊어버려라. 영원한 변화를 체득하기 위해서는 최소한 1, 2년이 걸린다.

나는 동기유발 강사가 새로운 습관을 익히는 데 21일이 걸린다는 아이디어를 어디에서 얻었는지 모르겠다. 새로운 기술의 운용을 기억하는 데는 시간이 걸리지만 몇 년이 지나면 그것은 당신의 것이 된다. 그러나 새로운 습관을 익히고 그것을 유지하는 데는 더 오랜 시간이 걸린다. 어떤 프로그램의 성공율이 그렇게 높은 이유는 참가자들이 최소한 2년은 참여해야만 하기 때문이다. 당신이 회사, 조직, 가정에 어떤 프로그램을 설치하든 그것으로부터 즉각적인 결과를 기대하지 마라. 당신의 새로운 방식이 평생 지속될 수 있다는 것을 알고 일 년 정도를 설정하고 그것을 고수하라

규칙3 : 오랜 시간 동안 매일 규칙적으로 지속하는 것은 자전거를 타는 것처럼 제2의 천성이 될 것이다. 부정적인 행동은 삶의 스타일을 잃게 하며 긍정적인 행동은 승리로 이끄는 라이프 스타일로 이끈다. 양쪽 다 실천은 그것을 영원하게 만들어 준다. 이 점은 너무나 명백해서 때때로 완전히 과소평가된다. 만약 그것을 옳게 훈련하면 당신은 평생 동안 그것을 옳게 할 수 있다. 드라이브 지역에서 실수를 반복하면 당신은 핸디가 높은 골프 병신으로 남을 것이다. 전문가의 시범에 따라 매 클럽마다 정확한 스윙을 연습하면 당신은 토너먼트 대회에 출전할 정도의 선수가 될 수도 있을 것이다.

선수들은 일어나서 샤워를 하고 침대를 정리한 후 기술을 배우고 정신적 육체적 노동의 적극적인 훈련을 한 다음 재킷과 웃도리 또는 제대로 옷을 갖춰 입고 저녁 식사를 한다. 간단히 말해서 그들은 성취를 향한 승자의 행동 패턴을 익히는 것이다.

만약 당신이 성공적인 사람이 되고 싶다면 성공적인 사람처럼 행동하기 시작하라. 그리고 성공적인 사람들의 회사에 들어가라. 가장 훌륭한 코치와 가장 훌륭한 지도자는 다음과 같은 기초적 기술

을 사용한다. 설명, 시범, 교정, 반복. 성공과 실패는 본질적으로 습관의 형성이다.

규칙 4: 습관을 바꾼 다음 과거의 파괴적인 환경으로부터 멀리 떨어져라. 대부분의 범죄자들은 감옥으로 되돌아간다. 왜냐하면 그들은 석방되거나 가석방 중인 과거의 이웃이나 갱들에게 돌아가기 때문이다.

원하는 체중에 도달한 이들은 보통 자신의 과거의 식사 패턴과 관계를 끊는다. 왜냐하면 새로운 습관이 유혹을 이겨낼 수 있을 정도로 충분히 몸에 배지 않았기 때문이다. 그동안 그들은 당연히 뷔페는 피해야 한다.

낙관적이고 성공적인 태도를 유지하기 위해서 당신은 비관적인 이웃과 편법으로 일을 추진하는 사람들을 피해야만 한다. 사업에서 성공적인 사람이 되기 위해서는 각각의 직원이 리더에 대해 책임을 지는 조직에 들어가야만 한다. 그리고 그런 조직의 분위기를 떠나게 되면 당신은 지식의 시대 이전 회사의 낡고 냉소적인 분위기로 돌아가서는 절대 안 된다.

자신의 좋은 습관을 파악하는 것은 매우 중요하다. 그러나 우선 당장은 나쁜 습관을 극복해나가자. 나의 나쁜 습관은 지나치게 많은 일을 효과적으로 하기 위해 무리하게 계획을 짜는 것이다. 무질서하게 계획을 짜는 것은 적절한 자료를 찾을 귀중한 시간을 낭비하는 것이다.

우리의 뇌가 매일 수천 건의 긍정적인 정보를 받아들이는 반면 어떤 것은 우리 대부분으로 하여금 부정적인 것에 대해서는 좀더 강력하게 집착하도록 만든다. 미국의 경우에 평균적인 학생들은 고등학교를 졸업할 때까지 22,000시간 동안 텔레비전을 시청하면서 18,000건의 살인을 보게 된다고 한다. 이것은 그들이 초등학교와 고등학교 때 교실에서 보내는 시간의 두 배에 달한다. 텔레비전 폭력은 당혹스러울 정도로 호소력이 강하다

그러나 좋은 소식은 습관을 바꿈으로써 당신의 인생을 변화시킬 수 있다는 것이다. 심리학자들은 수십 차례에 걸쳐 습관이 어떻게 형성되는가를 연구했다. 이제 우리는 청각, 촉각, 미각, 후각 기관을 통해 뇌로 전달되는 정보를 감각신경에서부터 습관까지 추적해볼 수 있다. 뇌는 이 정보를 이용해 결정을 하고 그 다음에 운동신경을 통해 행동이 필요한 신체 각 부위에 작업 명령을 보낸다.

동일한 자극에 대해 신체가 동일한 반응을 25회에서 30회 반복하면 습관이 형성된다는 것은 전혀 놀라운 일이 아닐 수 있다. 그러나 여기서 놀라운 점이 발견된다. 이러한 반복이 일정량 축적되면 뇌에 의한 의식적인 결정 없이 감각신경에서 조건지워진 운동신경으로 직접 정보가 전달된다. 따라서 25회에서 30회의 반복만으로 습관이 형성될 수 있으며 즐거운 마음으로 좋은 습관을 형성하는 데도 정보 입력 훈련과 그

것을 도와주는 환경에 의지할 경우 같은 횟수만큼만 반복하면 된다고
한다.

만약 25회에서 30회의 반복으로 좋은 습관을 형성할 수 있다면 당
신은 그 습관을 영구적인 것으로 만드는 데 왜 적어도 1년씩이나 연습이
필요한지 궁금하게 여길지도 모른다. 그 이유는 옛날의 습관이 잠복해
있기 때문이다. 만약 당신이 다시 미끌어지면 즉시 옛날의 습관이 되살
아나 자기 권리를 주장하려고 할 것이다.

다음은 습관의 형성을 위한 몇 가지 행동 지침이다.

① 자신의 나쁜 습관을 파악하라. 언제 어디서 왜 그것을 배우고 익
   혔는가? 무의식 중에 동료나 부정적인 역할 모델을 흉내내지는
   않았는가? 두려움이나 부적절한 느낌(목표 성취적인 활동 대신 긴
   장을 줄이고 좋지 않은 안락함을 추구하도록 유도하는 감정)을 감추기
   위해 그것을 이용하지는 않는가?
② 자신의 나쁜 습관을 촉발하는 것이 무엇인지 배워라. 촉발함으
   로써(그것은 때때로 스트레스, 비판, 죄의식, 거부감 등이다) 그것을
   쉽게 대체하게 하는 원하지 않는 패턴을 파악하라. 당신에게 가
   장 큰 절망과 긴장을 느끼게 유도하는 상황을 파악해 가능한 한
   그것을 피하거나 줄이는 방법을 찾아라.
③ 과거의 습관을 대체하게 될 새로운 습관의 장점을 열거해 목록

으로 만들어라. 자신감, 좋아진 건강, 지속성, 좋아진 인간관계, 직업에서의 생산성 향상, 존경, 집중력 향상, 잠재력의 발달, 경제적 안정성의 향상 등등. 이 모든 것이 지속적인 발전과 성장이라는 궁극적 목표에 도달하도록 도와줄 것이다.

④ 실수와 실패에 대한 사과는 영원히 안녕이라고 말하라. 옛날의 습관이 되살아나려 할 때는 자신의 불완전함을 받아들여라. "다시 돌아가겠다"라고 말하는 대신 "다음번에는 옳은 일을 할 만큼 강해질 것이다"라고 말하라. "나는 지쳤다"라고 생각하는 대신 "나는 이것을 더 할 수 있을 만큼 힘이 있다"라고 생각하라. "너무 늦었어" 대신 "정리가 되는 대로 처리할 시간이 있다는 것을 알고 있다"고 생각하라.

⑤ 적극적인 새로운 라이프 스타일의 새로운 습관 패턴을 스스로 가시화하라. 낡은 습관 위에 새로운 습관을 덧씌우기 위해서는 많은 자극과 반복이 필요하다. 담배를 끊기를 원한다면 의도적으로 금연석에 앉고 호텔에서도 금연실을 요구하라. 깨끗한 환경, 청결한 손과 이, 건강한 혈색은 당신으로 하여금 자신감을 갖도록 도와줄 것이다. 당신이 새로운 습관을 유지할 수 있다면 신선한 호흡, 좋은 냄새가 나는 옷, 가구, 튼튼한 심장은 자신감을 자극할 것이다.

당신은 다른 사람과 마찬가지로 행복하고 성공할 자격이 있다. 당신은 대가(노력, 훈련, 연습, 용기)를 치를 가치가 있는 사람이다. 당신은 자신의 생각을 통제할 수 있고 당신의 생각은 당신의 습관을 지배할 것이다.

누군가가 "나는 할 수 없어. 이게 바로 나야"라고 말하는 소리를 듣게 될 때면 한때 마약 판매상이자 강도, 범죄자이자 중독자였지만 인생의 방향을 180도 전환한 사람을 떠올려보라. 실천은 영원한 습관을 만들어낸다는 것을 기억하고 당신과 그를 대면시켜라. 당신의 정신은 진짜 경험과 생생하게 반복되는 자극을 구분하지 못한다. 당신이 연습하는 모든 것은 사실로 축적된다. 소프트웨어가 하드웨어를 움직인다. 이것은 오리, 독수리, 그리고 인간에게도 진리다.

〈12장〉
포용

embracing

포용
embracing

❖

　　안정이 인생의 주요 목표가 되면 만족과 기쁨은 단지 현상유지 상태로 줄어들게 된다. 위험은 여전히 심각하게 남게 된다. 그렇게 되면 진정한 진보의 전망과 오늘과 내일의 변화의 물결을 탈 수 있는 가능성을 상실할 위험을 감수해야만 한다.

　　개혁을 주도하는 사람들은 이제 더 이상 새로운 아이디어로 인해 화형에 처해지지는 않지만 그럼에도 불구하고 리더들은 여전히 엄청난 타격을 감수해야만 한다. 그들은 과거의 무게와 변화에 대한 저항을 처리해야만 한다. 개선이나 새로운 아이디어를 도입하는 것은 현재의 상황에 대한 전복을 의미한다. 그것은 집단적 사고에 젖어 있는 사람들(거기에는 직업 상의 동료와 회사 그리고 가까운 동료들까지 포함될 수 있다)의 마음에 공포를 불러일으킨다.

　　당신의 변화나 혁신은 같은 직업에 종사하거나 같은 조직에서 일하는 동료들이나 언론의 구태의연한 반대에 부딪힐지도 모른다. 심지어 가족 중에서도 반대하는 사람이 나올지도 모른다. 그것을 예상하라. 그러나 그것 때문에 멈추지 마라.

　　완벽주의자들은 때때로 엄청나게 일을 지연시키는 사람들인 경우가 있다. 그들은 마지막 순간까지 먼지를 날리며 일에 매달리고 시간 부족에 대해 불평을 늘어놓는다. 연기하는 데 명수인 완벽주의자들은 이미 처리할 수 있었던 일을 할 수 없게 만든 사소한 일에 대해 사과를 늘어놓는데도 명수다.

그러나 이것은 다양한 연기 가운데 한 가지에 불과하다. 이것은 어려움에 봉착할 때마다 자신보다 외부 상황을 비난하면서 즐겨 대는 핑계 중 하나이기도 하다. 그 핑계는 피로감을 갉아먹는 데서 오며 언제나 뒤에 숨어 있다. 자신에게 그 일을 쉽게 처리할 수 있으며 단지 한 번에 밀어붙이기 위해서 힘을 축적하고 있다고 말하려고 애쓴다. 그러나 연기는 순순한 휴식과는 다르다. 휴식은 정말 필요하다. 연기는 시간과 에너지를 축적해주지 않는다. 오히려 그것을 고갈시키고 자기 기만의 정상에서 스스로에 대한 의심만을 남겨줄 뿐이다.

우리는 모두 바쁘다. 매일 우리는 엄청나게 긴 만나야 할 사람, 끝내야 할 일, 읽고 써야 할 편지의 목록을 가지고 있는 것 같다. 우리는 우리에게 전화를 걸어 메시지를 남긴 사람들에게 전화를 거는 것보다 더 많이 전화를 받아야 하고 전화를 걸어야 한다.

연기에 대한 질문들

① 당신은 상황이 변하거나 책임을 면할수 있을 것이라는 희망에서 어려운 일을 연기하거나 힘든 일을 기피하는가?

② 당신은 책상을 정리하거나 파일을 청소하는 일, 연필심을 가는 일 따위로 중요한 일을 연기하는가?

③ 당신은 변화, 위험, 새로운 상황을 두려워하는가?

④ 어렵거나 불쾌한 상황에 직면하게 되면 당신은 몸이 아프거나 심지어 사고가 나는가?

⑤ 당신은 과제를 연기하거나 엉망으로 만들어서 다른 사람이 그 일을 떠맡게 하는가?

⑥ 당신은 타당한 불만을 가지고 있으면서도 다른 사람과 정면으로 부딪치는 것을 피하는가? 당신은 다른 사람에게 정말 도움이 될 정보나 정당한 이유를 가지고 있으면서도 그것을 포기하거나 무시하는가?

⑦ 당신은 자신의 실패나 일이 늦어진 것에 대해 "다른 사람"이나 "상황"에 책임을 전가하는가?

⑧ 당신은 어렵거나 지루한 일에서 벗어나기 위해 비판적이거나 냉소적인 입장을 취하는가?

⑨ 당신은 "너무 바쁘다"는 이유로 의사 또는 치과의사와 약속을 연

기하는가?

⑩ 당신은 자신이 총력을 기울이기에는 이 일이 지나치게 지루하다는 이유로 업무에서 잠재력을 완전히 발휘하지 않는가?

⑪ 당신의 업무계획표는 달성하지 못한 일들로 가득 차 있는가?

⑫ 당신의 해야할 일 목록은 손도 못댄 일로 꽉 차 있는가?

연기하는 버릇의 감옥으로부터 벗어나는 가장 좋은 방법은 목표에 이르는 가장 작은 일부터 시작하는 것이다. 사람들은 대개 두려움과 자신감 부족 때문에 일을 미룬다. 그러나 아이러니컬하게도 감시를 받게 되면 더욱 두려움을 느끼게 된다. 한 번에 모든 게임을 해야 할 위험 부담 없이 새로운 실험을 하고 테스트해보는 여러 가지 방법이 있다.

일을 연기하게 만드는 두 가지 주된 공포는 알지 못한다는 공포와 열등감 또는 어리석게 보일지 모른다는 공포이다. 세 번째 공포(성공이라는 공포)는 때때로 간과된다. 많은 사람들, 심지어 경영자들조차 성공을 두려워한다. 왜냐하면 그것은 마치 스스로 모범을 보이는 것이 부가적인 노력과 위험을 기꺼이 감당하려는 태도를 요구하는 것과 마찬가지로 감당하기에는 너무 힘들어 보이는 무거운 책임감을 수반하기 때문이다. 안전 위주로 운영해 나가는 것이 지금 당장 그것을 해야 한다는 결정으로 앞으로 나갈 필요성보다 보다 유혹적으로 보일 수도 있다. 다음은 연기하는 버릇에서 미리 일을 처리하는 태도로 변하기 위한 몇 가지 아이디어다.

① 매일 아침 30분 일찍 일어날 수 있도록 계획을 세우고 시계를 그 시간에 맞추어라. 그렇게 생긴 여유 시간에 하루을 어떻게 보내는 것이 가장 좋은가에 대해 생각하라.

② 다음과 같은 모토를 기억하고 반복하라. "행동 규칙: 내일이 아니라 오늘." 받은 편지는 즉시 처리하라. 전화를 걸거나 받거나 사람을 만나기 위해 특정한 시간을 개략적으로 배정하라.

③ 사람들이 자신의 문제에 대해 이야기하면 해결책과 관련있는 피드백을 주고받아라. 다음 단계는 무엇인지 또는 일어나기를 원하는 일이 무엇인지 물어보아라.

④ 시작한 일을 끝내라. 산만하지 않게 모든 에너지와 주의력을 집중해서 현재 가장 중요한 일을 성공적으로 마무리지어라.

⑤ 도움이 되지 않는 비판 대신 건설적이고 도움이 되는 태도를 취하라. 집단적인 압박, 시기, 동정에 참여하는 대신 특정인이나 특정한 일을 칭찬하라.

⑥ 텔레비전은 상당히 교육적이거나 또는 계몽적인 프로그램만 보도록 하라. 하루에 한 시간 이상 텔레비전을 보지 마라. 알 필요가 있다는 근거 아래 새로운 프로그램을 보며 밤 11시 이후 선정적인 기사나 잡지를 머릿속에 집어넣은 채 잠자리에 들지 마라.

⑦ 당신이 연기해온 꼭 해야 하지만 하고 싶지 않은 다섯 가지 일의 목록을 만들고 각각에 대해 처리할 날을 확실하게 잡아라. 하고 싶지 않은 일의 즉각적인 착수는 긴장과 스트레스를 줄여준다. 적극적이인 동시에 좌절하기는 어렵다.

⑧ 성공한 역할 모델이나 조언자를 구해 대화를 나누어라. 다른 사람의 성공과 실패에서 배우는 것은 모든 일에 있어서 반드시 능률을 올려줄 것이다. 진심으로 귀 기울여 들어라. 그리고 역할 모델이 그것을 어떻게 적절하게 처리했는지를 발견하라.

⑨ 공포는 진짜처럼 보이는 잘못된 교육(False Education Appearing Real)의 줄임말이며 행운은 정확한 지식 하에서의 노력의 줄임말이라는 것을 이해하라. 어떤 주제(특히 사례의 배경)에 대해 더 많은 정보를 갖게 될수록 당신은 결정을 덜 연기하게 될 것이다.

⑩ 문제는 변화와 발전의 필연적인 파생물이라는 것을 받아들여라. 사회와 회사의 변화의 속도가 점점 빨라지게 됨에 따라 변화를 정상적으로 생각하고 그것의 긍정적인 면(새로운 기회와 개선)을 찾는 법을 배우지 못하고 그것의 부정적인 측면에 대해 한탄만 늘어놓으면 당신은 완전히 가라앉게 될 것이다.

실제로 "미래의" 결정 같은 것은 없다. 오직 미래에 영향을 미치는 현재의 결정만이 있을 뿐이다. 연기하는 사람들은 결정을 위한 적절한 순간을 기다린다. 만약 당신이 완벽한 순간을 기다리고 있다면 당신은 제자리에서 맴돌며 무의식 중에 현재의 틀 속만을 파고드는 안정 지향적인 사람이 될 것이다. 만약 모든 장애가 극복되기를 기다리고 있다면 당신은 아무 것도 시도할 수 없을 것이다. 그만 마음 졸이고 지금 시작하자.

훈련 없이는 얻는 것도 없다. 대단히 힘들고 도전적인 상황을 효과적으로 처리하는 비결은 미리 조심스럽고 성실하게 준비하는 것이다.

창의력이 있는 우주비행사들도 완전히 새롭고 낯선 환경으로 들어가는 것은 엄청난 양의 스트레스를 감당해야 하는 것을 의미한다. 그것은 리더십과 탄력성의 좋은 공부이기도 하다. 이들은 자신이 스스로의 행동에 완전히 책임을 져야만 한다는 것을 알고 있으며 우주에서 단 하나의 판단 실수도 심각하게 위험하고 치명적일 수 있으며 어느 누구도 그들을 대신할 수 없다는 것을 알고 있다. 그러나 엄청난 압력에도 불구하고 그들은 우주비행 기간 동안 공포나 스트레스에 대해 거의 말하지 않는다.

그들은 실제로 일어날 수 있는 모든 문제를 처리할 수 있도록 미리 대비한 훈련을 통해 자신감을 가지고 있다. 그들이 비현실적인 문제에 대해 전혀 언급하지 않는 것 역시 중요하다. 우주 비행사들과 마찬가지로 리더도 합리적으로 대비할 수 없는 먼 위험에 대해서는 거의 생각을 하지 않는다. 우주비행사들은 그들이 통제할 수 있고 미리 대비해야만 하는 일에 노력을 집중한다. 그들이 하는 말은 모두 오히려 사전의 전술 비행에서 더 큰 공포를 느낀다는 것이다. 시간을 두고 압박감을 느끼는 상황에 반복적으로 노출되는 것은 그들로 하여금 용감한 행동에서 점차 겁 없는 행동이라고 불리는 높은 수준의 용기로 전환하게 만들어준다.

실제로 당신은 지식의 시대의 리더로서 자신의 미래와 직면하게 될 때 첫 우주 비행을 하는 우주비행사의 욕구를 공유해야 한다. 앞에서 우리는 자신감의 네 번째 다리는 유능성과 통제력에 대한 훈련이라고 확인했다. 자기 효율성이란 성취할 때마다 당신의 자신감이 성장하는 것을 의미한다. 자기 효율성은 또한 잘 육성될 경우 용기가 신장하고 확산한다는 것을 의미한다. 반복된 성공의 경험은 그들이 전문적으로 훈련한 지식과 결합해 보다 큰 성공을 낳으며, 우주비행사들로 하여금 사명을 완수할 수 있다는 자신감을 키워준다. 그것이야말로 우리가 필요로 하는 것이다.

어느 누구도 당신이 지금 하고 있는 것과 똑같은 일을 정확하게 할 수 없다. 어느 누구도 당신의 미래와 직면할 수 없다. 리더는 오늘의 작은 성공이 내일을 감당하고 지탱할 수 있는 자신과 용기를 키워준다는 것을 알고 있다. 그리고 어려움을 참으며 자신의 왕국을 이룰 수 있는 기회를 찾을 수 있게 해준다는 것을 알고 있다.

다음은 보다 큰 인내를 위한 몇 가지 행동 지침이다.

① 가장 시급한 일을 우선 처리하라. 대부분의 사람들은 그들 시간의 대부분을 우선순위가 높지 않은 비쁜 일에 투자한다. 왜냐하면 그것은 더 많은 지식과 기술, 또는 상상력(또는 용기)을 필요로 하지 않기 때문이다. 간단히 말해서 더 쉽기 때문이다.

② 당신의 시간과 에너지를 과거에 가장 생산성이 높다고 증명된 활동과 생각의 20%에 집중하라. 19세기의 경제학자 빌프레도 파레토가 이름을 붙인 80/20규칙을 기억하라. 생산량의 80%는 보통 20%의 생산자에 의해 이루어진다. 이것은 당신이 자신의 노력을 가장 생산적인 사람과 아이디어에 집중해야 한다는 것을 의미한다.

③ 직업 상의 또는 개인적인 변화가 즉각적인 결과를 가져오지 않는 것에 대해 걱정할 필요가 없다. 실제로 생산성과 효율에 있어서 일시적인 하락을 예상하라. 변화를 소화하는 데는 시간이 걸린다. 생산성은 친숙함과 자신감이 새로 세워짐에 따라 늘어나게 될 것이다. 끓는 동안에는 안달복달하지 마라.

④ 처음에 실패하면 다시 시도하라. 두 번째 실패하면 왜 그런가에 대해 피드백을 주고 받도록 해라. 세 번째 실패하면 지금으로서는 당신의 시야가 지나치게 높이 설정되어 있는 것이다. 당신의 목표를 좀더 지평선에 맞게 낮추어라.

⑤ 비슷한 목표를 가진 사람들과 친하게 지내도록 노력하라. 우리

들 가운데 상당수는 흡연이나 과체중 같은 비슷한 문제나 습관과 공동으로 싸우고 있다. 마찬가지로 동일한 가치와 꿈을 가진 사람들과 집단을 이루어 규칙적으로 만나는 것은 인내심을 키우는 데 도움이 되며 효과적인 행동의 아이디어를 제공해줄 수도 있다.

⑥ 만약 문제가 막다른 상황에 봉착하게 되면 분위기를 바꾸어라. 해결책은 때대로 바다나 들에서 휴식을 취하며 반성할 때 갑자기 떠오르는 경우도 있다. 이것은 도피가 아니라 전망이다. 논리를 다루는 왼쪽 뇌가 속도를 늦추더라도 보다 창조적인 오른쪽 뇌는 여전히 활용이 가능하다는 것을 기억하라.

⑦ 당신이 특정 분야나 주제에 대한 일반적인 지식을 확보했다면 그중 한 측면을 특히 잘 다룰 수 있도록 배우는 것에 노력을 집중하라. 다양화하기 전에 먼저 성공적으로 전문화를 이루어라. 완전히 습득할 때까지 한 가지에 집중하는 것은 우수성에 대한 자신감과 명성을 가져다줄 것이다. 골프를 완전히 터득한 다음 잭 니클라우스는 이제 자신이 언제나 해보고 싶었던 일, 즉 골프장 설계를 하고 있다.

⑧ 정직하고 논리적으로 자신의 문제에 접근하라. 일반적으로 문제는 두 가지 범주로 나누어진다. 비교적 쉽게 해결되는 문제와 시급한 관심을 요구하며 비상사태로 발전하는 일이 그것이다.

대부분의 사람들은 당연히 첫 번째 범주의 일만을 원한다. 당신의 균형감각을 측정하는 하나의 좋은 방법은 당신이 자신이나 가족에게 정말 중요한 일에 시간을 쓰고 있는지 아니면 언제나 마감이라는 압박에 시달리고 있는지를 확인하는 것이다.

⑨ 언제나 예상하지 않았던 일이 일어날 수 있다는 것을 예상하라.

불행을 통한 성취

노먼 빈센트 필(Norman Vincent Peale)의 인생에 스며들어 있는 교훈 중 하나는 그가 심지어는 실망으로도 씨워나간다는 것이다.

실망을 해소하기 위해서는 다음과 같은 단계를 거쳐야 한다.

① 지적이고 사려깊은 사람(그리고 당신의 믿음을 지켜줄 믿을 수 있는 사람)과 당신의 실망에 대해 이야기를 나누어라.
② 당신의 느낌을 기록함으로써 정말 어떻게 느끼는가를 다루어라. 당신이 느끼는 것이 분노라면 그것으로 마음을 가득 채우지는 마라. 그것을 종이 위에 흘려라.
③ 이미 실망에 대해 알고 있는 사람과 대화를 나누어라. 그들이 그것을 어떻게 다루었고 배운 것이 무엇인지를 파악하라

④ 실패를 경험한 유능한 지도자들에 대해 읽어라. 그들은 그것을 어떻게 다루었는가? 당신의 상황에 활용할 수 있는 보편적인 원칙은 무엇인가? 우리는 모두 각기 다른 성공의 개념을 가지고 있기 때문에 실망의 정의 역시 다를 수밖에 없다. 어쨌든 실패는 보다 보편적이다. 따라서 실패를 정면으로 마주 대하고 그것을 처리하는 태도를 개발하는 것이 보다 시급한 일이다.

새로운 프로젝트를 시작할 때 우리는 때때로 자신감이 부족하다. 왜냐하면 경험은 우리가 성공할 수 있다고 가르쳐주지 않기 때문이다. 이것은 가르치거나 이끌기, 기업의 설립에 모두 적용됨은 물론 자전거나 스키 타기, 항공기 조종 같은 일을 배우는 과정이나 판매, 부모 노릇하기 등 모든 일에 공통적으로 적용되는 것이다. 성공은 성공을 낳지만 실패는 반드시 실패를 낳지는 않는다. 어떤 사람들은 어떤 대가를 치르더라도 실패는 피해야 한다고 말하지만(대가는 그 자체로 너무 크다. 왜냐하면 어떤 대가를 치르더라도 실패를 피하는 유일한 방법은 승리와 성공을 위한 당신의 기회를 희생하는 것이다. 다시 말해 아무 것도 하지 않는 것이다.

어떤 이들은 실패는 유독한 쓰레기 같은 것이라고 말한다. 그들은 실패는 해로우며 궁극적으로 성공에 필요한 태도를 밑에서 갉아먹는다고 생각한다. 실패는 성공의 씨앗을 심어야 하는 마음의 토양을 기름지게 하는 데 쓰이는 거름이다. 실패를 거름으로 바꾸는 것은 실수와 잘못을 배움의 기회로 이용하고 놓치지 않음으로써 이루어진다.

실패와 실망은 개선을 위한 피드백으로 사용될 경우에만 당신이 목표에 이를 수 있도록 도와준다. 그렇게 함으로써 당신은 곧 실패를 잊고 미래의 성공에 촛점을 맞출 수 있다. 지식의 시대의 리더십을 갖춘 사람이 되기 위해서는 성공의 부족을 실패로 규정하지 마라. 왜냐하면 그것은 여행의 일부에 불과하기 때문이다.

<〈13장〉

이타적인 삶

altruism

이타적인 삶
altruism

❖

    시간은 결코 멈추거나 주저하지 않으며 앞을 전망하거나 뒤를 돌아보지 않는다. 인생이란 지금, 바로 이 순간 그 자체로 소모되는 천연자원 같은 것이다. 따라서 당신이 시간을 어떻게 보내는가가 당신이 가질 수 있는 어떤 재산이나 어떤 지위보다 중요하다.

    인생이란 게임에서 재생이란 없다. 지위란 변하게 마련이고 재산은 있다가도 없어지며 돈은 더 벌 수도 있다. 당신은 자신에게 주어지는 많은 것을 새롭게 할 수 있지만, 가장 귀중한 자본 가운데 하나인 건강과 마찬가지로 시간은 써버리면 영원히 돌아오지 않는다. 모든 어제 그리고 그 안에 담겨진 모든 것들은 당신의 통제를 넘어선다. 말 그대로 세상의 모든 돈으로 이미 지나가버린 행동은 단 하나도 되돌릴 수도 또 다시 할 수도 없다. 당신은 자신이 내뱉은 말 가운데 단 하나도 주워 담을 수 없다. 당신이 잊어버리고 말하지 않았던 "사랑해", "미안해", "용서해", 심지어 "고마워"조차 덧붙일 수 없다.
    당신은 시간을 현명하게 써야만 한다. 그러나 결코 시간을 저축해둘 수는 없다. 시간은 모든 사람에게 평등하게 주어지는 유일한 자원이

자 선물이다. 지상의 모든 지역과 어느 시대의 인간도 일주일에 정확하게 168시간을 가졌을 뿐이다. "시간은 모든 것을 무너뜨린다. 위대한 것이든 사소한 것이든 상관없이. 마돈나나 엘리자베스 여왕, 심지어 미국 최고 부자 가운데 한 사람인 워런 버핏도 단 한 시간도 더 살 수 없다. 일초에 수백만 번의 상호작용을 달성하기 위해 자료 전송 속도를 향상시킬 수 있는 과학자나 컴퓨터 전문가도 단 1초도 창조해낼 수는 없다.

우리 중 어느 누구도 시간이 충분한 것 같지 않다. 그럼에도 불구하고 우리는 모두 살아가며 또 그럴 것이다. 우리가 할 수 있는 것을 모두 다 하려면 수명이 백 배는 늘어나야 할 것이다. 그러나 우리는 우리가 할 수 있는 것을 배우고 하기 위해 단 한 번의 인생을 허용받았을 뿐이며 그 안에서 최선을 다한다. 만약 우리에게 더 많은 시간이 주어졌다면 이런 책의 필요성도 줄어들었을 것이며, 계획을 세우거나 우선순위를 조정할 필요도 줄어들었을 것이다. 만약 영원히 산다면 아마 우리는 매일 빈둥거리며 지낼 수 있을 것이다. 그럼에도 불구하고 엄청난 지식을 갖게 될 것이며 어쩌면 지혜를 얻는 것이 가능할지도 모른다. 그러나 우리는 엄격하게 일주일에 168시간(10,080시간)만 쓸 수 있다. 그래서 벤저민 프랭클린은 우리에게 "꽉 찬 인생"을 낭비하지 말라고 말했던 것이다(프랭클린은 "시간은 돈이다"라는 유명한 말로도 잘 알려져 있다). 괴테는 "시간은 잘 쓸 수 있는 사람에게는 언제나 충분하다"라고 말하는 지나친 낙관주의적 입장을 가지고 있었지만 어떤 의미에서 그의 말은 정확하다.

나이가 들수록 빨리 흘러가는 시간

인생의 가장 큰 아이러니 가운데 하나는 젊었을 때는 시간이 굼벵이처럼 느릿느릿 흘러가다가 나이가 들면 화살처럼 빨라진다는 것이다. 어린 아이였을 때는 놀이동산공항까지 차 타고 가는 데 걸리는 시간이 영원처럼 느껴졌었다. 휴가나 여름방학이 올 때까지 거의 영원히 시간이 걸리는 것 같았고 생일도 스무 살 때 생일까지는 언제나 상상할 수 없을 정도로 먼 미래의 일처럼 느껴졌다. 그러나 처음에는 천천히 가던 시계가 점점 속도가 빨라지기 시작한다. 서른 번째 생일은 25번째 생일 후 갑자기 닥치는 것 같으며 40회 생일은 가슴 뛰는 기쁨 없이 예상하지 못했을 때 갑자기 온다. 30회 생일과 40회 생일 사이의 10년(아장아장 걷던 아이들이 10대로 변하거나 때때로 어렵게 회사에서 직장생활을 하는 것을 지켜보는 시기)은 마치 서너 시간처럼 순식간에 흘러가버린다.

마흔 이후로는 시간을 계절과 연관지어 생각하기를 좋아하게 된다. 겨울의 스키 타기에서 봄의 청명함으로 그리고 여름 여행과 가을 약속처럼 시간은 흔적을 남긴다. 쉰이 넘으면 극히 개인적 경험을 통해 시간이 세월과 경쟁하는 것 같다고 깨닫게 된다. 왜냐하면 시간이 얼마나 소중하고 귀한 것인가를 이해하기 시작했기 때문이다. 다시는 채울 수 없는 멋진 기구에서 순수한 산소가 빠져나가고 있으며 남은 부분에 감사할 뿐이다.

오직 이 순간 많은 사람들이 시계를 거꾸로 돌려 과거의 실수를 원래 상태로 돌릴 수 있기를 바라면서 과거에 살아가고 있다. 대부분의 사람들이 갖기를 원하고 하기를 원하지만 지금 할 수 없는 일을 간절히 원하거나 걱정하면서 지금까지 해왔고 지금 할 수 있지만 하지 않는 일을 즐기는 대신 미래에서 살아가고 있다. 그들은 행복과 만족을 영원히 미뤄두고만 있다. 우리는 몽상에 잠겨 내일을 삶으로써 어제를 되살릴 수도 또 오늘을 낭비해서도 안 된다. 우리가 지금 당장 하는 행동만이 내일의 진정한 약속을 창조할 수 있다. 우리는 다시 향유할 수 없는 오늘 이 순간을 살고 있다.

여섯 살이었을 때는 1년이 인생의 20%를 나타낸다. 15세 때는 1년이 인생 경험의 1.5~2%를 대표할 뿐이다. 초등학교 시절에 휴일이 오는데 그렇게 긴 시간이 걸린 것은 전혀 놀라운 일이 아니다. 그리고 열다섯 살이 넘었을 때 우리가 이미 써버린 시간의 작은 몫을 대표하는 1년이 눈 깜짝할 사이에 지나가버리는 것 역시 그렇게 놀라운 일이 아니다. 그것은 마치 비디오테이프가 되감기나 빨리 감기를 할 때 거의 끝부분에서는 엄청나게 빨리 감기는 것과 비슷하다. 따라서 당신의 남은 시간도 테이프가 줄어들 듯 흘러간다.

내 안의 나라로 향하는 여행길에서 우리는 성공은 정상이 아님은 물론 목적지도 아니고 과정이라는 것을 기억해야만 한다.

가장 좋은 길을 시각화하기 위해서 당신은 그것이 당신이 가진 중요한 것(돈, 주식, 퇴직적립금, 전환사채, 자동차, 직위, 부동산 등)이 아니라는 것을 이해해야만 한다. 중요한 것은 당신이 지금 가진 것으로 하고 있는 것이다. 어느 누구도 선택이 쉽다고 주장할 수 없을 것이다. 스콧 팩의 『많은 사람들이 가지 않은 길(The Road Less Traveled)』은 다음과 같은 세 단어로 시작한다. "인생이란 힘든 것이다(Life is difficult)."

인생이란 두 말 할 필요도 없이 여러 가지 의미에서 항상 힘든 것이다. 그러나 어떤 이들에게는 더 힘든 것이며, 누군가에게는 편하고 행복한 시절은 지나가버렸다. 어떤 점에서 우리는 통제할 수 있는 범위를 벗어났다. 범죄의 증가, 특히 폭력 범죄의 증가는 놀라울 정도이다. 그것은 그 자체로서도 놀랍지만 우리의 가족 생활, 책임감, 문화의 근본을 파괴하고 있다는 점에서 위험한 징조다. 우리 아이들의 상당수는 분노한 무정부 상태의 세계 속에서 살아갈 운명인 것처럼 보인다. 이미 보았던 것처럼 중산층은 생활비를 벌기 위해 더 열심히 일해야만 하지만 그럼에도 불구하고 생활 수준은 더욱 떨어져만 간다. 우리는 이 점에서 그리고 그밖의 여러 가지 문제에서 아이들에게 미안함을 느낀다. 혼란은 가중되고, 성격은 조급해지고, 인간관계는 각박해지며 낙천주의는 점점 희미해져 가고 있다. 경제적 안정성(모든 종류의 안정성)은 사라져가고 있는 듯하다. 이 모든 것은 사실이며 그 대부분은 우려할 만한 현상이다. 그러나 동시에 개인적 성공과 성장의 기회는 그렇지 않다.

현재 우리 사회의 조건은 어떤 글귀를 생각나게 한다. 찰스 디킨즈의 『두 도시 이야기』의 첫 문장 "가장 호시절이자 가장 어려운 시절이었다"는 우리 시대를 요약하는 데 쉽게 적용할 수 있을 것이다. 우리 생활의 어떤 측면은 특히 도덕적으로 타락한 생활은 몰락해가는 도시의 가장 어려운 시절과 같다. 그러나 어려운 시절은 새로운 관점을 낳으며 새로운 관점은 상황이 보이는 것처럼 우울하지는 않다는 새로운 이해를 제공해준다. 이것은 처음으로 등장한 "가장 어려운 시기"는 아니다. 그것은 나와 너의 개별적 목표를 향한 개인적 헌신을 통해 벗어나야 한다.

리더는 항상 우수함을 추구해야만 한다. 그러나 결코 완벽을 구하지는 마라. 나이가 들수록 우리는 어떤 전투는 싸울 만한 가치가 없다는 것을 깨닫게 된다. 따라서 우리는 우리가 걸어갈 길을 더욱 조심스럽게 고르는 것처럼 우리의 투쟁을 세심하게 선택하게 된다. 어느 길이 가장 좋은가? 시인 로버트 프로스트가 말한 것처럼 가지 않은 길이 모든 것을 바꾸어 놓았다. 만약 그 길이 당신이 선택한 길이라면 앞서서 달리고 있는지, 남보다 높이 올라갔는지 아니면 호흡을 고르기 위해 쉬고 있는지 신경쓰지 마라. 당신은 인생이 마지막 페이지를 읽으면 끝나는 책이 아니라는 것을 알고 있다. 인생은 계절에 따라 변하는 정원과 오히려 더 비슷하다. 정원은 여름에는 모든 것이 무성하지만 가을에는 덜 무성한 법이다. 봄에 심은 것은 겨울에 죽을 수도 있다. 그러나 다시 심고 흙과 비가 씨앗을 싹트게 하면 다시 수확을 거둘 수 있다.

당신은 또한 정원에 잡초가 있을 필요가 없다는 것을 알고 있다. 그것은 자리를 잡기만 하면 엄청나게 늘어난다. 그러나 인생의 정원에서 우정과 성공을 키우기 위한 재료인 친절이라는 꽃을 얻기 위해서는 새삼 다시 심을 필요는 없지만 지속적인 관심과 주의가 필요하다. 그것은 가장 좋은 길에 대한 참여를 요구한다. 역사상 여러 시기에 농부는 자기 밭 한 구석을 수확하지 않은 채로 남겨둠으로써 불쌍한 사람들이 음식으로 쓸 수 있도록 배려했다. 이렇게 함으로써 모든 사람들이 충분히 먹을 수 있었고 또 농부의 자비심도 드러났다. 이것은 그들이 다른 사람을 배려했으며 성공했다고 느끼기 위해서 반드시 전부를 가질 필요는 없다는 것을 보여준다. 그것이 우리가 최선의 길에서 할 수 있는 일이다.

이것은 당신이 최선의 길을 꾸준히 걸어갈 수 있도록 도와주는 몇 가지 행동 비결이다.

① 여행의 질이야말로 언제나 최종 목적지보다 더욱 중요하다. 당신은 세상에서 가장 부자나, 현자나 가장 멋진 옷차림의 사람일 필요는 없다. 당신은 다른 사람과의 비교에서 언제나 완벽할 필요도 없다. 그것은 비참으로 이어지는 가장 빠른 길이다. 맹목적으로 완전을 추구하는 대신 당신이 하는 일에서 우수함을 추구하라. 사려 깊고 친절한 사람으로서 모든 일을 해나가라. 인생은 여행이다. 성공은 과정이지 그 위에 걸터앉는 주춧돌이 아니다.

② 과거의 도전으로부터 기꺼이 배우고 이해하라. 심리학자 롤로 메이는 "이상하게 들리겠지만 사람들은 고통에서 기쁨을 느껴야 한다. 왜냐하면 그것은 그들의 성격을 변화시킬 수 있는 에너지를 발휘할 수 있다는 신호이기 때문이다. 고통을 겪는 것은 잘못된 태도나 행동방식을 나타내는 자연적인 방법이다. 그리고 자기 중심적이지 않은 사람에게는 고통을 겪는 매 순간은 성장의 기회다"라고 충고한다. 다음 모퉁이에 잠재적 위험이 도사리고 있는 최선의 길을 걸어갈 기회를 가진 사람들은 보다 평범하고 많은 사람들이 다녀서 위험이 없는 길을 걸어감으로써 이룰 수 있는 성취보다 훨씬 더 큰 성공과 성장의 기회를 누릴 수 있다.

③ 모든 상황에서 가치있는 태도를 선택하라. 사람과 프로젝트에 접근하는 자신의 방식에 주의를 기울이고 매일 스스로의 계획을 기록하라. 1에서 10까지로 나누어진 평가표를 만들어 주말마다 자신의 태도를 평가하라. 개선이 필요하면 최선을 다하지 못하게 만든 것이 무엇인지 파악하라. 당신의 태도가 가장 우수한 AAA를 받으면 스스로를 칭찬하고 나는 자신의 태도를 통제하는 것을 배워나가고 있으며 최선의 길을 걷게 되어 무척 기쁘다고 하라.

④ 차이를 만들어냄으로써 오는 파장 효과를 즐기기 시작해라. 돌

멩이를 연못에 던지면 동심원이 점점 커지는 것은 적절한 비유다. 당신의 가장 작고 큰 의미가 없어 보이는 행동이 가족, 친구, 업무 상의 동료들에게 중요한 것일 수도 있다.

⑤ 선을 행하는 특권을 누려라. 밀라드 풀러(Millard Fuller)는 30세 전에 자수성가한 백만장자가 되어가고 있었지만 돈 너머에 있는 인생의 목적에 대해 느끼기 시작했다. 밀라드 풀러는 해비타트(Habitat for Humanity)의 총수였다. 이 조직의 목표는 가난한 사람들을 위해 부적합한 집을 없애는 것이다. 그들은 돈을 모금하고 자원봉사자를 모집해 집을 개량하고 새로 지어서 이익을 붙이지 않고 빌려주거나 원가에 판다. 현재 이 조직은 하루에 열두 채의 집을 짓거나 개량하고 있으며 인생의 밑바닥에 있다고 생각하는 많은 사람들에게 희망을 주고 있다. 그것은 최선의 길의 선택이라는 힘의 한 실례이다. 당신은 자신의 가정, 공동체, 회사 또는 회의실에서 어떤 시례를 보여줄 준비를 하고 있는가?

영어의 '은퇴한(retired)'이란 단어는 철자가 잘못되었다고 생각한다. 이 단어는 '다시 시도하는(retried)' 또는 '다시 고무된(reinspired)'이 더 적절해 보인다. '은퇴한'이란 단어는 '다시 지친' 또는 '마지막으로 피곤한'이라는 의미가 함축되어 있다. 어떤 직업이나 중요한 성취 후의 은퇴 행사는 그 전까지 우리가 경험하고 상상해오던 것과는 아주 다른 새롭고 창의적인 모험으로 우리의 육체와 정신, 그리고 영혼을 풍부하게 하는 도전이며 또 다른 정상의 경험을 기대하는 것이어야만 한다.

인생은 험준한 봉우리와 깊은 계곡, 오르막과 내리막이 있으며 언제나 더 올라가야 할 정상이 앞에 놓여 있는 끝없는 산맥이다. 등반가 힐라리가 "거기 산이 있기 때문"이라고 그랬던 것처럼 삶의 에베레스트 산을 오르고 그럼으로써 우리의 지식, 기술, 용기를 실험해보는 순수한 즐거움을 맛보아야 한다.

왜 미래를 위해 계속 노력해야 하는가에 대한 깊은 의미를 찾을 때 주교좌 대성당 같은 것을 생각하라. 몇 세기 전에 세워진 유럽의 대성당들은 대부분이 설계와 건축에 몇 세대가 걸렸다. 그것을 마치 레고 블럭을 세우는 것처럼 단기간에 오늘날의 사무용 빌딩을 짓듯 세운다는 것은 불가능하다. 대성당을 짓기 우해서는 몇 세대가 걸린다. 위대한 사회나 회사, 가족을 이루는 데도 마찬가지로 시간이 걸린다. 인생은 되돌아갈 수 있는 것이 아니며 완성되었을 때 존중받는 것이다. 그것은 끊임없는 계획, 기초 다지기, 모형 제작, 기둥 세우기, 바닥 깔기, 구조 변경, 세부 공사, 내장, 수리의 과정이다. 우리는 그것을 한 번에 해치울 수가 없다. 그것은 결코 완성이 아니다. 언제나 건설 중인 것이다.

인생이라는 과정의 이런 지속적인 특성과 우리의 짧은 수명은 대성당 건축과 같은 시각을 요구한다. 그것은 우리로 하여금 이미 지나가 버린 모든 것으로부터, 즉 실패와 성공, 유행과 전통으로 가득 찬 역사로부터 때늦은 지혜를 얻을 것을 요구한다. 그것은 우리로 하여금 리더십 강의에서처럼 시도와 실패, 성취를 통해 얻게 된 모든 것이 앞에 놓인 보다 나은 세계를 상상함으로써 통찰력을 얻을 것을 요구한다. 그것은 우리로 하여금 과거나 미래를 동경하지 말고 현재를 살아가며, 현재가 제공하는 모든 것을 용감하고 낙관적이며 유연하게 받아들일 것을 요구한다.

인생은 대성당과 마찬가지로 멋진 겉모습과 장엄(물론 이런 것들이 매혹적이고 가치 있는 것이긴 하지만)해서 존중받는 것은 아니다. 대성당과 마찬가지로 인생은 그 안의 신성함 때문에 더욱 의미 있는 것이다.

내 안의 나라를 세우는 것을 서두르지는 말라. 마음의 눈을 통해 그것을 꾸준히 그리고 지속적으로 발견하도록 애쓰라.

에필로그 *epilogue*

디즈니 영화 〈미녀와 야수(Beauty and the Beast)〉를 보았다면 틀림없이 영상과 음악에 감탄했을 것이다. 그러나 그 영화의 메시지를 검토해보자. 우리는 더 이상 남자와 여자의 역할이라는 낡은 남성우월주의적 해석을 포기해야 한다. 실제 생활에서 미녀는 소유자의 눈에 있으며 이기심과 무감각이라는 괴물은 지위나 성에 관계없이 우리 모두의 안에 있을 수 있다.

옛날 어느 먼 왕국에 어떤 젊은 왕자가 화려한 성에 살고 있었다. 그는 비록 모든 것을 가지고 있었지만 어쩌면 그것 때문에 그의 마음은 황량하기 그지 없었다. 그는 버릇 없고 이기적이며 불친절했다. 어느 겨울 밤 초췌한 몰골의 거친 늙은 거지가 성을 찾아와 장미 한 송이를 내밀며 추위를 피할 수 있게 해달라고 부탁했다. 심술 은 왕자는 그녀의 겉모습을 보고 내쫓으며 멀리 사라져서 다시는 자기를 귀찮게 하지 말라고 말했다.

다시 한 번 장미를 내밀며 그녀는 겉모습에 속지 말라고 경고한다. 그가 다시 그녀를 내쫓자 그 늙은 거지의 추한 모습을 사라지고 아름다운 요정이 모습을 드러냈다. 놀란 왕자는 급히 용서를 빌며 그녀의 이해를 구하려 했으나 이미 너무 늦어버린 후였다. 그녀는 그의 마음에 사랑이 없다는 것을 알았다. 그녀는 별로 왕자를 무시무시한 괴물로 만들어 버렸다. 그리고 성과 그 안에 있는 모든 것에 강력한 마술을 걸었다.

자신의 흉칙한 모습이 부끄러워 야수는 세상으로 통하는 유일한 '창문'인 마술 거울을 가지고 성 안에 숨어버렸다. 그가 스무 살이 될 때까지 장미(그것도 마술이다)가 피어야만 했다. 만약 장미의 마지막 꽃잎이 떨어지기 전까지 그가 다른 사람을 사랑하는 법을 배울 수 있고 다른 사람의 사랑을 받을 수 있다면 마술은 풀릴 것이다. 그렇지 못하면 그는 영원히 성 안에 갇힌 괴물로 남겨지리라.

세월이 흘러 그는 모든 희망을 포기하고 절망에 빠져 있었다. 설령 그가 사랑하는 사람을 찾았다 해도 누가 흉칙한 야수를 사랑할 수 있을까? 그가 어떻게 그녀를 거기에 머물게 할 수 있을 것인가?

머뭄(소유)에 대한 이러한 관심이야말로 얼마나 많은 관계들이 이해되고 쫓기고 또 파괴되는지를 설명해준다.〈미녀와 야수〉의 메시지는 사랑은 우리의 욕구를 충족시키는 그 또는 그녀의 욕구와 관계없이 우리가 그 사람에게 부여하는 가치의 표현이라는 것이다. 진정한 사랑은 당신으로 하여금 당신의 상대를 소유하는 것이 아니라 자유롭게 해주는 것이다. 이것은 지위 권력에서 관계의 권력으로의 변화를 논의할 때 언급했던 인생의 음양 모델과 꼭 들어맞는다. 거기에서 우리는 남성과 여성의 속성의 상호작용의 힘과 시너지 효과에 초점을 맞추었다. 그리고 발전된 이해가 조직의 리더십을 얼마나 급격하게 변화시키는가에 대해서도 관심을 기울였다. 여기에서 우리의 관심은 업무 상의 관계보다는 개인적인 관계다. 후자가 전자보다 근본적인 것이다.

사람은 누구나 때때로 착한 사마리아인이 되고 싶어하는 경향이 인정받고 싶은 욕구에서 비롯된 것이라고 느낀다. 사랑으로부터 나온 가치를 공유하려 하는 것은 전자의 욕구이며 파괴된 가정에서 어린 시절을 보냄으로써 생겨났을지 모르는 포기에 대한 두려움을 중화시키기 위해 인정을 구하는 것은 후자의 욕구이다. 그리고 언제나 자신의 궁극적 동기를 확신할 수 없다. 당신은 어떤가? 당신은 왜 다른 사람을 돕는가? 다른 사람이 자유롭게 날아다닐 수 있도록 하기 위해서인가 아니면 그들이 당신을 인정하기를 원해서인가? 물론 인간의 동기는 언제나 복합적이다. 그러나 변하지 않는 것은 당신에게 중요한 사람들에게 사랑받는 것을 유지하는 가장 좋은 방법은 그들이 가능한 한 독립적이고 가치 있게 될 수 있도록 그들에게 권한을 위임하는 것이다.

당신은 사랑받을 만큼 가치 있는 사람이 되도록 노력해야만 한다. 그러나 결코 사랑받는 것만을 추구하지는 말아라. 당신이 진심으로 자신보다는 그들에게 관심이 있다는 것을 느끼게 되면 그들은 당신을 신뢰하기 시작한다. 모든 우정과 건강한 결혼의 기초는 고객에 대한 서비스와 만족과 같은 것이다. 당신은 서로에 대한 숨김 없는 태도와 상호 신뢰에 바탕을 둔 오랜 관계를 시작해야 한다.

〈미녀와 야수〉의 교훈은 정서적으로 건강한 아이를 키우고 건강한 결혼 생활을 즐기고 자기 만족을 얻는 데 꼭 필요하다. 야수가 된 왕자를 이해하고 그가 어떻게 그렇게 비참한 상태에 이르게 되었는지를 이해하면 이 이야기는 다음과 같이 네 부분으로 나누어진다. 버릇 없는 왕자, 사나운 야수, 권한 위임, 돌아온 사랑.

버릇없는 왕자

버릇없고 이기적인 왕자는 자기가 원하는 모든 것을 가지고 있다. 이것은 흥미로운 조건이다. 왜냐하면 우리는 부모로서 지나친 방임이나 결핍으로 우리 자신의 왕자나 공주를 망치는 경향이 있기 때문이다.

어린 시절은 일차적인 이기심에서 같이 나누는 것으로 그리고 부족과 실망을 극복하는 것을 배우는(실패를 극복하는 것을 배우는) 시기여야 한다. 왜냐하면 장난감을 망가뜨리거나 숙제를 잊어버리는 것은 결혼을 파괴하거나 직업적 성공에 대한 준비를 잊어버리는 것보다는 훨씬 덜 심각한 문제이기 때문이다. 그러나 가난한 집에서 공통적으로 겪는 지나친 결핍은 많은 아이들로 하여금 개인적 만족의 상태에 집착하게 만든다. 그들은 다른 사람들에 대한 책임감과 그들을 배려해야 한다는 의식을 개발할 기회가 부족하다. 그리고 가난한 집이라고 해서 아이들마저 가난할 필요는 없다. 지나친 방임 역시 어떻게 살아가야 하는가를 배우지 못했다는 점에서 기회를 박탈당한 것이나 마찬가지다.

아이러니컬하게도 부유한 사람이 좋은 부모가 되기가 더 어렵다는 것이다. 가난한 집 아이들은 때때로 자신의 힘으로 능력을 확보하고 살아가야 한다는 것을 배울 수밖에 없다. 부유한 부모들은 애정을 확인하거나 아이를 달래기 위해 돈이나 물건이나 아이가 좋아할 만한 물건을 이용하고 싶은 유혹에 빠질 가능성이 있다. 따라서 그들의 아이들은 반대로 높은 생활 수준을 더 이상 유지하지 못하는 엄마 아빠는 무능한 부모라고 느낀다. 넉넉한 사람들이 상대를 교묘하게 조작하거나 조작당하는 것을 그만두게 하기 위해서는 더욱 강력한 노력과 훈련이 필요하다.

언론 매체의 파괴적이고 근거없는 신화 가운데 하나는 아이 중심으로 돌아가는 가정에 대한 찬양이다. 가정은 아이 중심으로 돌아가기보다는 그들의 관계가 아이들에게 모델을 제공하는 서로 사랑하는 어른들의 참여에 기초해야만 한다. 아이 중심적인 가정은 이기심을 조장하고 왕자나 공주들 입장에서는 자신들의 중요성에 대해 비정상적인 의식을 갖게 된다. 이것은 아이들이 마음을 열고 사랑하는 관계를 배울 기회를 지연시킬 수 있다. 따라서 어리석은 왕자는 쉴 곳을 구하기 위해 장미를 바친 늙은 여인을 멸시하게 된 것이다.

아이들이 스스로 할 수 있는 나이가 지난 후에도 그들을 위해 지나치게 많이 베푸는 것은 그들 스스로 할 수 있는 것을 더욱 줄이는 것이다. 그들 스스로 할 수 있는 것이 줄어들수록 우리는 아이들에게서 스스로를 존중할 줄 아는 능력을 배울 기회를 뺐는 것이다. 자신을 존중하지 못하면 불쌍한 자아는 인정과 사랑을 구하며 울부짖는 야수와 같다.

사나운 야수

사나운 야수는 거울에 비친 자신의 모습을 혐오한다. 자신이 사랑하고 자신을 사랑해줄 누군가를 발견할 수 없다면 괴물 안에 갇힌 불쌍한 영혼은 찻주전자와 촛대와 시계와 이야기를 하며 영원히 그 감옥에 갇혀있어야 할 운명이다.

마을의 젊은 처녀가 아버지의 생명과 자신의 자유를 바꾸기 위해 찾아오자 야수는 기꺼이 그 제안을 받아들인다. 그는 성안에 갇힌 죄수를 통제할 수 있다면 그녀는 점차 자신을 주인으로 받아들이는 법을 배우게 될 것이라고 믿었다. 선택의 시간이 빨리 흘러가고 꽃잎이 떨어지게 되자 그는 이기적으로 그것을 사랑으로 해석한다. 이제 마술은 풀릴 것이다.

그러나 처녀가 그의 구애를 거절하자 그는 미쳐 날뛴다. 이것은 지금 우리 사회의 상징일 수 있다. 자신의 문제에 대해 다른 사람을 비난하고 원하는 것을 얻기 위해 다른 사람을 조작하려 함으로서 우리는 다른 사람에게 의존하게 되고 때때로 자신의 문제를 해결하고 괴로움으로부터 벗어나기 위한 헛된 시도로 폭력에 호소하기도 한다.

자신의 믿음과 일치하지 않는 사람을 공격함으로써 이기적이고 불안정한 사람들은 힘으로 자신이 옳다는 것을 증명하려고 한다. 가지지 못한 사람들은 그들의 정당한 몫을 요구하며 가진 사람들을 공격함으로써 복수를 하려고 한다. 아무도 승자가 될 수 없는 이런 패배의 악순환은 인간이 다른 사람의 행복에 대한 배려와 책임을 느끼는 존재가 되어 야수처럼 울부짖는 것을 멈추고 귀 기울여 듣기 시작할 때까지 계속될 것이다.

권한 위임

야수에게 무슨 일이 일어났는가. 자신의 포로의 최소한의 건강을 고려해 그는 그녀를 완전히 다르게 대하기 시작했다. 따라서 독립적인 가치 교환과 권한 위임이라는 변화가 시작된 것이다.

야수는 승리와 패배가 갈리는 태도를 양쪽 모두 승리하는 태도와 바꾸었다. 미녀는 그가 사랑받을 자격이 있다는 환희에 찬 발견과 끔찍한 사나움 아래에 부드럽고 연약한 아이가 감춰져 있다는 것을 발견하고 기쁨을 느낀다. 그들이 함께 춤을 추고 숨바꼭질을 할 때 이런 메시지를 깨달을 수 있다. 말초적인 상업적 가치를 뛰어넘어 바라보라. 천박한 잡지와 유행 너머를 보라. 장미와 쉴 곳을 기꺼이 바꾸어라. 또는 아무 대가 없이 필요한 사람에게 쉴 곳을 제공해라. 불평을 그치고 다른 사람의 어려움을 충분히 생각하라. 아름다움을 발견하기 위해 야수의 깊은 곳까지 기꺼이 들여다보라. 그를 영원히 잃을 위험을 감수하고서라도 기꺼이 같이 지내고 싶은 사람을 자유롭게 해주라.

돌아온 사랑

야수가 아버지를 도울 수 있도록 미녀를 풀어주었을 때 그는 의도적으로 그녀에게 돌아오는 문제를 일임했다. 아이들은 당신이 그들이 어른이 될 수 있도록 자유롭게 해주었을 때 비로서 의존적인 욕구 대신 독립적인 사랑의 능력을 계발하게 될 것이다. 그리고 당신이 연인이나 동업자를 그들이 원하는 대로 완전히 자유롭게 해주었을 때 비로서 당신은 질투와 시기를 낳는 의심과 불안에서 벗어나 당신 자신이 얼마나 매력적이고 사랑스러운 존재인지를 알게될 것이다.

상대에게 충실하는 것은 모두가 승리하는 삶을 위해 최대한의 잠재력을 재공한다. 마지막으로 건강한 관계와 모두가 승리하는 태도로 인생을 살아갈 수 있도록 아이들을 키우는 방법을 정리해 본다.

① 다른 사람의 눈으로 자신을 보라. 배우자의 입장에서 생각하라. 당신의 자녀나 친구의 입장에서 생각하라.

② 당신이 노동자, 사장, 고액 소득자에서 아이를 기르는 부모로, 역할 모델에서 다정한 연인으로 역할을 쉽고 적절하게 바꾸어 나갈 수 있는지를 점검해보라.

③ 감정을 담아 의사소통을 하라. 지식이 언제나 지혜는 아니며 민감함이 정확성은 아니며, 동정이 언제나 이해는 아니다. 판단을 내리거나 충고를 하기 전에 먼저 진정으로 다른 사람의 입장이 되어라. 판단하기 선에 묻고 귀 기울여 듣고 발견하라.

④ 당신의 인생에서 중요한 어른과 아이들의 이야기를 무조건 귀 기울여 들어라. 편견이나 왜곡 없이 듣는 것은 당신이 다른 사람에게 줄 수 있는 가장 큰 가치다.

⑤ 황홀한 손길을 개발하라. 당신의 사랑을 증명하기 위해 돈이나 집, 좋은 물건으로 충분하다고 생각하지 마라. 어떤 것도 당신의 존재, 당신의 포옹, 당신의 손길(바로 당신)을 대신할 수 없다.

⑥ 대단히 중요한 상대와 관계에 향신료와 로맨스를 첨가할 기회를 파악하라. 서류가방에 꽃이나 카드를 슬쩍 집어넣거나 예상하지 않던 전화, 틀림없이 저녁이나 영화 정도라고 생각했을 때 차 트렁크에 함께 밤을 지샐 준비물을 싣고 나타나는 등등.

⑦ 아이들과 권위적인 태도가 아니라 일상적이고 평범하게 대화를

나누어라. 스트레스를 받는 부모들은 때때로 이리저리 대화를 피하거나 쌀쌀맞고 신경질적인 태도로 아이들에게 이야기한다. 아이들이 받아들이는 것으로 느끼게 이것저것 잡다한 문제에 대해 잡담을 나누는 시간을 가져라. 그것은 "나는 너에게 관심을 가지고 있다"는 메시지다.

⑧ 가족 각자의 관심사에 열성적이 되어라. 어린 아이들은 부모의 개입과 인정을 필요로 한다. 그러나 개입이 그들의 일을 떠맡거나 감독이 된다는 뜻은 아니라는 것을 기억하라.

⑨ 엄청난 압박감이라는 대가를 치르더라도 가족들이 함께 지내는 시간을 반드시 계획에 넣어라. 언제나 집을 결승점처럼 만들어라. 하루에 한번 텔레비전을 끄고 모두 모여 식사를 하는 것은 최소한의 일이다.

⑩ 안전이 문제가 되는 경우를 제외하고는 가족 각자가 자신의 선택의 결과와 보상에 대해 책임을 지게 하라. 자신감을 개발하는 독자적인 행동의 경험을 박탈할 정도로 지나치게 개입하지 마라.

⑪ 어떤 일 자체의 달성을 위해 아이들에게 돈을 주지 말아라. 이런 형식의 뇌물은 아이들로 하여금 성공을 내적인 가치보다 외적인 성취와 연결하게 한다. 용돈은 집안의 허드렛일을 규칙적으로 처리하는 것과 연관해 정기적으로 주어야 한다.

⑫ 가족 각자가 다른 사람의 욕구, 품위, 개별성을 존중해주는 집안 분위기를 만들어라. 사랑, 보살핌, 믿음, 기부를 주춧돌로 삼아라.

⑬ 솔직하고 자유로운 의사소통을 북돋우는 분위기를 유지하라. 가족 모두가 비난이나 보복의 두려움 없이 느낌이나 의견을 표현할 수 있도록 격려하라.

⑭ 무엇보다도 가족 각자가 언제나 다른 사람의 것을 빼앗는 식의 어리석은 삶의 방식보다 다른 사람을 배려하는 지혜로운 삶을 살아가도록 고무하라. 비록 대부분의 사람들이 그렇게 살아가는 것은 아니지만 지혜로운 삶은 언제나 우리가 가는 최고의 여행길이다.

CEO의 결정들

초판 1쇄 인쇄　2019년 12월 9일
초판 1쇄 발행　2019년 12월 16일

지은이　　김한경
발행인　　김승호
편집인　　서진
펴낸곳　　스노우폭스북스

마케팅　　구본건 김정현
SNS　　이민우
영업　　이동진

디자인　　강희연

주소　　경기도 파주시 회동길 37-9, 1F
대표번호　031-927-9965
팩스　　070-7589-0721
전자우편　edit@sfbooks.co.kr
출판신고　2015년 8월 7일 제406-2015-000159

ISBN 979-11-88331-78-9 (03190)